KÖSTLICHES mit KÄSE

Paul Gayler

KÖSTLICHES mit KÄSE

130 moderne Feinschmeckerrezepte

Fotos von Gus Filgate

CHRISTIAN VERLAG

Für meine Frau Anita und meine Familie
mit bestem Dank für ihre unermüdliche Unterstützung
und Ermutigung

Aus dem Englischen übersetzt von Karin Hirschmann
Redaktion: Petra Tröger
Korrektur: Herbert Scheubner
Umschlaggestaltung: Horst Bätz
Herstellung: Dieter Lidl
Satz: DTP Josef Fink

Die Originalausgabe mit dem Titel *A Passion for Cheese* wurde erstmals 1997
im Verlag Kyle Cathie Limited, London, veröffentlicht

Hauswirtschaftliche Beratung: Louise Pickford, unterstützt von Zoë Sharp
Styling: Penny Markham
Design: Kit Johnson

Druck und Bindung: Tien Wah Press Pte Ltd
Printed in Singapore

ISBN 3-88472-338-3

Der Verlag dankt Michael Day von der Huge Cheese Company, von dem der Käse für die Fotos stammt,
und der Guilde des Fromagers für die Erlaubnis, ihr Logo abzudrucken.

Abbildung Seite 2: Meerbarbe auf gebackener Caprese mit Basilikum und Olivenöl
Abbildung Seite 6: Blini mit Ricotta-Himbeer-Füllung

HINWEIS

Inhalt

Vorwort

In Großbritannien liegt der jährliche Pro-Kopf-Verbrauch für Käse bei 8 kg, in Deutschland bei 13 kg. Die Franzosen essen fast die dreifache Menge der Briten, nämlich 22 kg. Diese Unterschiede sind aber nicht auf den unmäßigen Appetit der Franzosen zurückzuführen, sondern liegen vielmehr in der mangelnden Vertrautheit, ja Angst vieler Briten und Deutschen begründet. Obwohl oft eine Käseplatte auf den Tisch kommt, trauen sich die wenigsten an die etwas ausgefalleneren Käsesorten heran, und noch weniger kochen mit Käse. Parmesan und Cheddar kennen die meisten, aber wer weiß schon mit absoluter Sicherheit, was zu Stinking Bishop, Kasseri, Port-Salut oder Taleggio passt.

In seinem Buch *Köstliches mit Käse* vermittelt uns Paul Gayler die nötige Sicherheit und Inspiration, seine Rezepte auszuprobieren. Mit der Fertigkeit eines professionellen Golfspielers – Imagination, Geduld, Timing und Überzeugung – verbindet er das Beste der modernen Feinschmeckerküche mit den köstlichsten internationalen Käsesorten.

Paul arbeitet seit über 22 Jahren als Koch. Seine herausragenden Kenntnisse, die kühne Zusammenstellung von Zutaten, viel harte Arbeit und seine vorbildlich geführte Küche im Restaurant The Lanesborough haben ihm in dieser Zeit die Bewunderung seiner Kollegen eingebracht. Seine Begeisterung und Seriosität sind ebenso ungezwungen wie seine Art zu kochen. Als Inhaber der Huge Cheese Company, die eine Vielzahl von Hotels und Restaurants mit Käse beliefert, komme ich mit etlichen Küchenchefs und Gastronomen zusammen. Meines Erachtens gibt es hierzulande nicht viele Küchenchefs seines Formats.

Ich begegnete Paul vor 15 Jahren, als er sich für den Mouton-Rothschild-Preis bewarb und einen Ziegenkäse namens La-Mothe-Saint-Héray suchte. Kein Käsegroßhändler in Großbritannien hatte je von diesem würzigen Weißschimmelkäse aus Poitevin gehört, der in Platanen-, Kastanien- oder Weinblättern reift. Innerhalb von zwei Tagen hatte ich ein paar dieser kleinen runden Käse für ihn besorgt, so dass er damit kochen konnte. Er gewann mit seiner kulinarischen Kreation den ersten Preis.

Die Franzosen waren von seinen Kochkünsten und seinen profunden Kenntnissen über Käse so angetan, dass sie ihn in die Guilde des Fromagers gewählt haben. Als regelmäßiger Probekoster beim Concours Général und als einziger britischer Gutachter der Guilde des Fromagers haben mich seine Fähigkeiten gleichermaßen beeindruckt, und ich bin fest davon überzeugt, dass unsere Freude am Essen und am Leben durch die Lektüre dieses Buches und das Nachkochen der Rezepte bereichert wird.

Michael Day

Einleitung

Ich habe dieses Buch geschrieben, weil ich eine Rezeptsammlung zusammenstellen wollte, die nicht nur die Vielzahl der heute erhältlichen köstlichen Käsesorten berücksichtigt, sondern auch über die vielseitige Verwendung und die charakteristischen Merkmale dieser Käse informiert. Ich wollte kein Buch über Käse schreiben, denn es gibt gewiss eine Menge Autoren, die auf diesem Gebiet besser Bescheid wissen. Ich muss gestehen, dass ich in jungen Jahren Käse überhaupt nicht mochte. Damals war die Auswahl an Käse relativ begrenzt und stammte größtenteils aus industrieller Produktion. In meiner Laufbahn als Koch hatte ich jedoch das Glück, viel herumzukommen und Käse aus aller Welt kennen zu lernen, und so wuchs meine Begeisterung für dieses Lebensmittel.

1987 gehörte ich zu den sechs britischen Küchenchefs, die die Ehre hatten, in die Guilde des Fromagers aufgenommen zu werden, eine von mehreren Käsekoryphäen – darunter auch Pierre Androuët – gegründete Vereinigung, die sich der Wahrung der traditionellen Käseherstellung in Frankreich verschrieben hat. Meine Aufnahme erfolgte in einer feierlichen Zeremonie nach dem Essen. Hereinspaziert kamen die *maîtres-fromagers*, gekleidet in pelzbesetzte Gewänder aus dem 14. Jahrhundert, in der Hand große Körbe, die anscheinend das gesamte Käsesortiment Frankreichs enthielten. Nie zuvor hatte ich erlebt, dass Käse eine solche Ehre zuteil wurde.

In Großbritannien bleibt Käse größtenteils auf die Käseplatte beschränkt, abgesehen von ein paar überstrapazierten Gerichten wie Käsetoast und überbackenem Blumenkohl. Franzosen haben ihre klassischen Speisen mit Käse, einschließlich Soufflés und Gratins, aber auch sie verwenden ihn hauptsächlich für die Käseplatte. In den Mittelmeerländern geht man lockerer mit Käse um, insbesondere die Italiener sind Meister in der Zubereitung erlesener Desserts.

Aber warum nicht einmal Blauschimmelkäse mit einem Edelfisch oder Cheddar mit einer Hummercremesuppe kombinieren? Oder einen Ziegenkäse für eine Pestosauce verwenden? Und wie wäre es mit einem Sage Derby als Füllung für eine Wachtel? Dies sind nur ein paar Beispiele aus diesem Buch, die sich als echte Renner erwiesen haben. Doch vergessen wir darüber nicht die beliebten Klassiker. Was wäre ein Gemüsegratin ohne geriebenen Gruyère, ein griechischer Bauernsalat ohne den salzigen Feta und die italienische Vorspeise aus Tomaten und Basilikum ohne den cremigen Mozzarella aus Büffelmilch?

Noch ein Wort zum Schluss: Obwohl wir heute in der glücklichen Lage sind, Käse aus allen Teilen der Welt kaufen zu können, möchte ich Ihnen dringend ans Herz legen, zu regionalen Käsesorten zu greifen, ja sie ausfindig zu machen. Kosten Sie sie erst pur und experimentieren Sie dann mit neuen Gerichten. Sie werden zu ganz neuen Geschmackserlebnissen gelangen.

Die Herstellung von Käse

Käse könnte man beschreiben als das Ergebnis einer fruchtbaren Zusammenarbeit von Mensch und Natur. Es fasziniert mich immer wieder, welch erstaunliche Vielfalt nur ein Lebensmittel – die Milch – hervorbringen kann. Diese Angebotsvielfalt an Käse aus aller Welt ist wirklich enorm, wenn man bedenkt, dass alle Käsesorten aus Milch hergestellt werden: viele aus Kuhmilch, aber einige auch aus der Milch von Ziegen, Schafen, Wasserbüffeln und in entlegenen Landstrichen sogar von Eseln und Pferden.

Die wunderbare Eigenschaft der Milch, die uns ermöglicht, daraus Käse zu bereiten, ist ihre Gerinnungsfähigkeit. Angeblich wurde sie vor vielen hundert Jahren zufällig von arabischen Nomaden entdeckt: Beim Aufschneiden eines Beutels mit Schafmilch kam eine quarkähnliche Substanz zum Vorschein. Die Sonnenwärme hatte die Milch sauer werden lassen und sie dadurch zum Gerinnen gebracht. Heutzutage werden die meisten Käse aus pasteurisierter Milch hergestellt, das heißt, die Milch wird 15 Sekunden auf 72 °C erhitzt und dann rasch auf 31 °C abgekühlt. Beim Pasteurisieren werden die Keime und Bakterien zerstört, die die Milch sauer werden und gerinnen lassen, deshalb muss für das Gerinnen oder Dicklegen der Milch Lab hinzugefügt werden.

Das Pasteurisieren ist ein umstrittenes Verfahren. Viele Käsekenner sind der Meinung, ein erstklassiger Käse ist nur aus unbehandelter Milch herzustellen, da Rohmilch die Bakterien enthält, die das Aroma und die typische Beschaffenheit des Käses mitbestimmen. Auf der anderen Seite vertreten Lebensmitteltechniker die Ansicht, dass pasteurisierte Milch »saubere« Milch ist. Das mag auf die industrielle Käseherstellung zutreffen. Da die dort verarbeitete Milch von vielen verschiedenen Lieferanten stammt und in großen Tankwagen gesammelt wird, lässt sich die Qualität dieses Rohstoffes nur schwer überwachen. Käse vom Bauernhof wird dagegen meist aus hofeigener Milch gemacht, so dass der Käser die Qualität der Milch völlig unter Kontrolle hat.

Der einheitliche Charakter von pasteurisierter Milch erlaubt es dem Käser, ein homogenes Produkt von hoher Qualität zu erzeugen. Um ehrlich zu sein, die berühmten Käse der Welt werden zum großen Teil aus Rohmilch hergestellt, obwohl es auch hier ein paar interessante Ausnahmen gibt, zum Beispiel den Colston Bassett Stilton.

Neben der verwendeten Milchart gibt es noch viele andere Faktoren, die die charakteristischen Merkmale eines Käses beeinflussen: angefangen beim Futter, der Tierrasse, dem Klima und auch der Jahreszeit über das Zerteilen des Bruchs bis zum Formen und Reifen.

Sobald die Milch gesäuert ist, was gewöhnlich mit einer Säuerungs- oder Starterkultur erfolgt, kann Lab zugefügt werden. Lab bringt die Milch zum Gerinnen. Dabei entsteht eine joghurtähnliche Masse, die als Gallerte bezeichnet wird und aus dem geronnenen Milcheiweiß und der Molke besteht. Um die Molkenflüssigkeit besser abzutrennen, wird diese dickgelegte Milch, die Gallerte, mit einer sogenannten Käseharfe – einem Rührgerät mit feinen Metalldrähten – kreuz und quer zerschnitten, und es entsteht der Bruch. Für weicheren Käse wird der Bruch nur grob zerschnitten und dann mit einem Tuch ausgehoben, damit die Molke ablaufen kann. Für Hartkäse wird ein feiner Bruch von Reis- oder Hirsekorngröße bereitet, der bei manchen Sorten, zum Beispiel bei Parmesan, zusätzlich noch auf 41–54 °C erhitzt oder gebrannt wird, damit die einzelnen Käsekörner fester werden und noch mehr Molke ablaufen kann. Der Käsebruch setzt sich am Boden des Kessels ab, wo er erneut zerteilt wird.

Im Unterschied zu den ganz weichen Frischkäsen wie Rahm- oder Doppelrahmfrischkäse oder auch weichkörnigem Cottage cheese (Hüttenkäse) werden alle anderen Käse gesalzen: entweder mit Kochsalz eingerieben beziehungsweise bestreut oder in eine Salzlösung eingelegt. Einige weiche oder halbfeste Käsesorten werden außerdem mit diversen Lösungen oder Reifungskulturen (Bakterien) besprüht oder abgewaschen. Diese Maßnahmen fördern bestimmte Reifungsprozesse und die gewünschte Rindenbildung.

Nach dem Abfüllen in geeignete Käseformen wird der Bruch gepresst. Für Hartkäse wird er stark gepresst (komprimiert), für die meisten Weich- oder Halbfesten Schnittkäse dagegen nur leicht, oder man lässt ihn einfach fest werden.

Ungereifter Käse wie Cottage cheese oder Quark wird frisch verzehrt, aber die meisten Käsesorten unterliegen einer Reifung. In diesem entscheidenden Umwandlungsprozess entwickelt der Käse mit der Zeit seinen spezifischen Charakter. Ein Camembert benötigt hierzu gerade mal vier Wochen, ein Parmesan vier Jahre. Während der Reifung, die unter kontrollierten Bedingungen – in einem Reifekeller – stattfindet, werden die Mikroorganismen und Enzyme aktiv und beginnen mit der Umwandlung. Jedes einzelne Stadium ist wichtig, damit der Käse am Ende der Reifung seinen typischen Charakter erhält, und wird vom Käser sorgfältig überwacht.

Einkauf und Lagerung von Käse

Käse sollte stets im Fachgeschäft gekauft werden, wo der Kunde gut beraten wird und in der Regel auch die angebotenen Käsesorten probieren kann. Halten Sie Ausschau nach Käse aus bäuerlicher Produktion, denn er ist in Aroma, Geschmack und Konsistenz weitaus interessanter als die in Folie eingeschweißten Käse aus industrieller Herstellung. Kaufen Sie nach Möglichkeit – und sofern es sinnvoll ist – ganze Käselaibe oder Käse am Stück. Kleine Portionen oder Scheiben trocknen schnell aus und verlieren an Geschmack.

Tipps zur Lagerung der einzelnen Käsegruppen sind unter der jeweiligen Rubrik nachzulesen, doch möchte ich vorab schon ein paar allgemeine Hinweise geben:

Der ideale Aufbewahrungsort für Käse ist eine kühle Speisekammer oder ein entsprechender Kellerraum mit konstant 10–15 °C. Bei diesen Temperaturen sind weder Geschmackseinbußen zu verzeichnen, noch wird der Käse in seiner Reifung beeinträchtigt. Mangels örtlicher Gegebenheiten bleibt den meisten Menschen heutzutage jedoch nichts anderes übrig, als ihren Käse im Kühlschrank aufzubewahren. Dann sollten Sie ihn aber am wärmsten Ort lagern: im Gemüsefach bei 7–9 °C.

Bei der Aufbewahrung im Kühlschrank ist darauf zu achten, dass jede Käsesorte einzeln in einem luftdichten Behälter verpackt wird. Diverse Käse, insbesondere die stark riechenden Sorten, werden am besten zuerst in Alufolie gewickelt. Vermeiden Sie Frischhaltefolie, da der Käse in dieser Verpackung schnell schwitzt. Käse, die in der Schachtel verkauft werden, zum Beispiel Camembert, sollten auch darin aufbewahrt werden. Ich friere Käse nie ein, weil er nach dem Auftauen meist zu trocken und körnig ist.

Hart- und Schnittkäse

Unter Hartkäse versteht man die Sorten, die als junger Käselaib kräftig gepresst worden sind und somit einen sehr festen bis harten Teig besitzen. Zu den Extrahartkäsen zählen die italienischen Grana-Käse, deren berühmtester Vertreter der hoch geschätzte Parmigiano-Reggiano ist, landläufig auch als Parmesan bekannt. Die Gruppe der Grana-Käse mit ihrer mürben, bröckeligen Struktur, die sich ausgezeichnet zum Reiben eignet, umfasst auch den Grana padano (»körniger Käse aus der Poebene«) und den Pecorino romano, der aus Schafmilch hergestellt wird. Von weniger fester Konsistenz, das heißt geschmeidig, sind die Schnittkäse, in anderen Ländern auch als Halbhartkäse bezeichnet. Zu dieser Gruppe gehören Tilsiter, Danbo (ein dänischer Steppenkäse), Samsoe (ebenfalls aus Dänemark), Manchego (spanischer Schafkäse), Monterey Jack (aus Kalifornien) und Lancashire (ein Cheddar-Verwandter), als dessen feinsten Vertreter ich den Kirkham's Lancashire bezeichnen würde, den ich zu einem meiner Lieblingskäse erkoren habe.

Irgendwo in der Mitte zwischen Hartkäse und Schnittkäse sind die Käse angesiedelt, die sich grob in drei Gruppen unterteilen lassen: die Käse vom Cheddar-Typ, vom Gouda-Typ und vom Gruyère-Typ.

Käse aus der Cheddar-Familie sind im Bruch gesäuerte und gesalzene, gepresste Käse mit mittelfestem Teig. Sie werden weltweit geschätzt wegen ihres milden, vollmundigen Geschmacks und ihrer vielseitigen Verwendbarkeit in der Küche. Daher ist es möglich, neben dem Cheddar aus dem Ursprungsland Großbritannien auch auf solche aus Nordamerika, Kanada, Australien und Neuseeland zu treffen. Die französische Entsprechung zum Cheddar ist der Cantal. Doch nur die auf den großen englischen Gutshöfen produzierten Käsesorten sind ein Originalcheddar, wie zum Beispiel der Montgomery's und der Keen's aus der Grafschaft Somerset oder der Gospel Green aus Surrey. Andere Vertreter der Cheddar-Familie sind der krümelige, leicht bröckelnde, pikante Cheshire (ich bevorzuge den Appleby's Cheshire), der sehr krümelige Caerphilly, der sehr mild im Geschmack ist und dessen edelster Vertreter der Duckett's Caerphilly ist, ferner der milde Double Gloucester, der orange gefärbte Leicester und der grün gesprenkelte Sage Derby, dem zermahlene Salbeiblätter unter den Bruch gemischt werden.

Käse nach Gouda-Art erkennt man an der typischen strohgelben Färbung des Teigs und an der dünnen Rinde, die meist von einer roten oder gelben Paraffinschutzschicht überzogen ist. Während der echte holländische Gouda weiterhin in dem gleichnamigen Städtchen nahe Amsterdam hergestellt wird, haben sich auch andere Länder auf die Herstellung dieses beliebten Käsetyps spezialisiert und vertreiben ihn unter den verschiedensten Namen: als walisischen Teifi, als belgischen Broodkaas und als deutschen Gouda. Fast ebenso verhält es sich mit dem Edamer, der aus einer Mischung von gereifter, teilentrahmter Milch und frisch gemolkener Milch hergestellt wird und daher bei kalorienbewussten Konsumenten sehr beliebt ist.

Käse vom Gruyère-Typ variieren geschmacklich zwischen mild-nussig und sahnig-aromatisch, ja beinahe fruchtig und angenehm süßlich. Ihre charakteristische Lochbildung ist auf die Proprionsäuregärung zurückzuführen. Schweizer Gruyère hat Löcher in Stecknadelkopfgröße, die so weit voneinander entfernt liegen, dass man sie oft übersieht. Comté, Appenzeller und Fontina weisen fast gar keine Löcher auf. Beim norwegischen Jarlsberg fällt die Lochung dagegen recht groß aus, sie wird nur noch vom Emmentaler mit seinen riesigen, lang gezogenen Löchern übertroffen.

Käse vom Gruyère-Typ ist in der Küche unverzichtbar. Diese Sorten lassen sich mühelos und sauber reiben, schmelzen rasch, werden durch und durch weich und sehr geschmeidig und verleihen der fertigen Speise ihren feinen, nussartigen Geschmack, ohne die anderen Zutaten zu »erschlagen«.

Einkauf und Lagerung

Selbst die härtesten Grana-Käse sollten noch eine gewisse Feuchtigkeit besitzen. Rinde und Oberfläche dürfen nicht rissig sein, aber die Oberfläche sollte auch nicht schwitzen. Vermeiden Sie aus der Cheddar-Familie jeden Käse, der zur Rinde hin und im Anschnitt dunkler ist. Dies deutet darauf hin, dass der Käse ausgetrocknet ist. Kaufen Sie auf gar keinen Fall geriebenen Grana-Käse: Egal, wie frisch sie angeblich sind, sie verlieren innerhalb von Stunden an Geschmack und Aroma.

Extrahartkäse wie der Parmesan, den Sie speziell zum Reiben kaufen, hält sich ausgezeichnet, wenn er – in zwei Lagen Alufolie eingewickelt – im Kühlschrank aufbewahrt wird. Hart- und Schnittkäse zum Dessert sollten nach Möglichkeit in einer kühlen Speisekammer gelagert werden. Um angeschnittenen Käse gegen Austrocknung zu schützen, wird die Schnittfläche mit Alufolie abgedeckt, die Rinde aber frei gelassen, damit der Käse atmen kann. Falls Sie keine Speisekammer besitzen, verfahren Sie am besten so wie mit Extrahartkäse zum Reiben. Im Kühlschrank gelagert, bleibt der Käse mindestens eine, aber höchstens zwei Wochen frisch. Vor dem Verzehr muss der Käse auf Zimmertemperatur gebracht werden.

Weichkäse und Halbfester Schnittkäse

Käse, die zu dieser Gruppe gehören, weisen einen hohen Wassergehalt auf und durchlaufen einen ähnlichen Reifungsprozess wie die oben beschriebenen Käsesorten. Weichkäse enthält 50–70 % Wasser und lässt sich streichen. Vertreter dieser Gruppe sind Brie, Camembert, Bonchester und Taleggio. Halbfeste Schnittkäse wie Bel Paese, Port-Salut und Reblochon enthalten 40–50 % Wasser und sind von elastischer Konsistenz.

Die feuchte Oberfläche dieser Käsesorten ist im Vergleich zu Hartkäse empfänglicher für Mikroben. Sie reifen schon innerhalb von Wochen. Im Gegensatz zu Hartkäse, die durch die Zugabe von Starterkulturen von innen heraus reifen, reift ein Weichkäse von außen nach innen, indem nach dem Salzen die Oberfläche mit einer Schimmelkultur besprüht wird. Um eine blütenweiße Rinde wie beim Brie, Camembert oder Coulommiers zu erhalten, wird die Schimmelkultur *Penicillium candidum* aufgesprüht. Die relativ milde, cremige Beschaffenheit von Halbfesten Schnittkäsen wie Bel Paese oder Morbier wird durch Waschen der Rinde mit salzhaltigem Wasser erreicht, wodurch das Bakterienwachstum gebremst wird.

Einige Halbfeste Schnittkäse wie Port-Salut, Morbier, Pont l'Évêque und Reblochon sind auch als Klosterkäse bekannt, da sie nach einer von den Trappistenmönchen entwickelten Methode heranreifen. Die Rinde wird mit Lösungen abgewaschen, die Alkohol enthalten, meist Wein, Bier oder Likör, so dass der reife Käse angenehm säuerlich bis pikant-würzig schmecken kann und eine unverwechselbare Oberfläche bekommt. Heutzutage wird die Oberfläche stattdessen meist mit einer Schimmelkultur namens *Breyibacterium linens* behandelt. Dadurch bildet sich eine dünne, gelblich rote Bakterienflora auf der Rinde. Diese Rinde wird nicht mitgegessen.

Einkauf und Lagerung

Weichkäse mit Weißschimmelflora darf auf keinen Fall nach Ammoniak riechen, und der Schimmelbelag sollte weder hart sein noch braune Stellen aufweisen. Der cremige Teig sollte nicht zu sehr fließen. Reife ganze Käselaibe fühlen sich elastisch an. Angeschnittener Käse sollte einen kompakten und gleichmäßig durchgereiften Teig besitzen; eine kalkige Linie deutet auf mangelnde Reifung hin.

Halbfeste Schnittkäse, einschließlich der Trappistenkäse, sind im Geschmack fruchtig, aber nicht scharf und geben auf Fingerdruck etwas nach. Die Rinde sollte frisch aussehen und nicht schmieren.

Weichkäse und Halbfester Schnittkäse wird, eingewickelt in Alufolie – für Klosterkäse eine doppelte Lage verwenden –, in einem fest schließenden Behälter im Kühlschrank aufbewahrt. Der Vacherin Mont d'Or, der eigentlich als Weichkäse zu betrachten ist, nimmt eine Sonderstellung ein: Er gehört nicht in den Kühlschrank. Am besten ist er an einem kühlen, feuchten Ort aufgehoben, und damit er nicht läuft oder sich verflüssigt, legt man am besten einen Holzklotz vor die Schnittfläche.

Weichkäse schmecken am besten, wenn sie zwei Stunden vor dem Servieren auf Zimmertemperatur gebracht werden. In vollreifem Zustand bleiben sie höchstens 1–2 Tage frisch. Halbfeste Schnittkäse wie der Bel Paese halten sich bis zu 10 Tage, während die sogenannten Klosterkäse in ihrer Haltbarkeit stark variieren – von 2–3 Tagen beim Pont l'Évêque bis zu einer Woche beim Reblochon.

Frischkäse

Unter Frischkäse versteht man ungereifte Erzeugnisse. Das Nachwärmen des Bruch-Molke-Gemisches entfällt, wodurch die einzelnen Käsekörner schrumpfen beziehungsweise fester werden und zusammenwachsen. Diese Käsesorten sind bereits wenige Tage nach der Herstellung genussfertig und haben mangels Reifung auch keine Rinde entwickelt. Frischkäse wird größtenteils aus – meist entrahmter – Kuhmilch hergestellt. Zur Frischkäse-Gruppe zählen zum Beispiel Speisequark in verschiedenen Fettstufen, Schichtkäse, Frischkäse in verschiedenen Fettstufen (Mager-, Rahm- und Doppelrahmfrischkäse) und Cottage cheese (körniger Hüttenkäse).

Frische Ricotta, eine Käsespezialität aus dem Piemont, wird traditionell aus der Molke zubereitet, die bei der Pecorinoherstellung aus Schafmilch anfällt. Manchmal wird für Ricotta aber auch die Molke von Kuhmilchkäse verwendet. Dank ihrer trockenen bis fein-geschmeidigen oder cremigen Konsistenz lässt sie sich bestens mit anderen Zutaten mischen und zu pikanten wie süßen Speisen verarbeiten.

Rahm- beziehungsweise Doppelrahmfrischkäse ist ein Frischkäse, der, wie der Name schon sagt, aus Rahm (Sahne) statt Milch hergestellt wird. Der bekannteste hochfette Frischkäse Italiens ist Mascarpone, der ursprünglich nur in den Herbst- und Wintermonaten in der Lombardei hergestellt wurde. Ausgangsprodukt ist der von der Vollmilch abgeschöpfte Rahm. Sobald er mittels Säure zum Gerinnen gebracht worden ist, lässt man die Masse etwa 24 Stunden abtropfen und schlägt sie dann zur Konsistenz von sehr dicker Crème double auf. Mascarpone schmeckt sahnig mild und lässt sich in der Küche vielseitig verwenden. Er passt ebenso gut zu Früchten und Schokolade wie zu salzigen Zutaten.

Einkauf und Lagerung

Frischkäse sollte sehr frisch aussehen und riechen – rein und weißlich, ohne gelbliche Ecken und Ränder. Auf keinen Fall darf er bitter schmecken. Offen gekaufte Ricotta ist unvergleichlich frisch und süßlich im Geschmack und steht in keinem Vergleich zur abgepackten Ware aus dem Supermarkt. Frische Ricotta muss jedoch innerhalb von 1–2 Tagen verzehrt werden, weil es rasch zu Geschmackseinbußen kommt.

Da alle Frischkäse leicht verderblich sind, sollten sie nach Möglichkeit in einer Kühltasche nach Hause transportiert und anschließend im kältesten Bereich des Kühlschranks gelagert werden. Sehr feuchte Frischkäse wie Ricotta und körnige Frischkäse legt man am besten auf eine Abtropfplatte und deckt sie mit einer Schüssel ab. Die eher trockenen Sorten, einschließlich Rahmfrischkäse, werden in dicht schließenden und eventuell mit Wachspapier oder Folie ausgelegten Behältern aufbewahrt. Frischkäse sollte innerhalb von 4 Tagen verzehrt werden.

Brüh- und Knetkäse, einschließlich Filata-Käse

Der in Italien als *formaggio a pasta filata* bezeichnete Käse ist ein Käse mit »gezogenem Teig«. Bei diesem Verfahren wird der Käsebruch mit heißem Wasser oder Molke gebrüht und anschließend geknetet und teilweise zu Strängen ausgezogen. Bekannte Vertreter dieser Käsegruppe sind Mozzarella, ein halbfester ungereifter Käse aus Kuh- oder Büffelmilch; Provolone, ein gereifter Käse, der als milder Provolone dolce oder als pikanter Provolone piccante auf dem Markt ist; ferner Caciocavallo, der ebenfalls gereift, häufig auch geräuchert ist und je nach Alter so eben schnittfest bis sehr hart angeboten wird. Alle diese Käsesorten finden in der italienischen Küche reichlich Verwendung, insbesondere als Belag und in Füllungen.

Einkauf und Lagerung

Offen angebotener Mozzarella sollte makellos weiß sein und nach frischer Milch riechen. Anderenfalls greifen Sie lieber zu dem in Folie eingeschweißten Käse, in Salzlake schwimmend, als zu dem trocken abgepackten. Mozzarella aus Büffelmilch wird wegen seines ausgeprägten Aromas und seiner glatteren, nicht so gummiartigen Konsistenz für besser erachtet als die Kuhmilchvariante. Provolone sollte ein leichtes Milcharoma besitzen. Sowohl für Provolone als auch für Caciocavallo gilt, dass sie eine seidig glänzende Rinde haben sollten. Der Teig darf hingegen keine Löcher aufweisen, da die Lochbildung auf eine innere Gärung hindeutet.

Offen gekaufter Mozzarella sollte zu Hause gleich in Milch eingelegt, im Kühlschrank aufbewahrt und innerhalb von 5 Tagen konsumiert werden. Bei eingeschweißtem Mozzarella aus dem Supermarkt ist auf das Haltbarkeitsdatum zu achten. Angebrochene Ware sollte zudem in der Lake schwimmend aufbewahrt werden. Provolone und Caciocavallo werden zweifach in Folie gewickelt. An einem kühlen Ort oder im Kühlschrank gelagert, bleibt Provolone eine Woche frisch, Caciocavallo hingegen bis zu zwei Wochen.

Ziegenkäse

Die Teigbeschaffenheit der mittlerweile weltweit produzierten Ziegenkäse variiert zwischen weich und cremig bis zu trocken und schnittfest. In Frankreich heißen die Ziegenkäse »chèvre« (»Ziege«) und werden ausschließlich aus Ziegenmilch hergestellt. Allen gemeinsam ist ein eher trockener, pikanter Nachgeschmack, doch ansonsten variiert der säuerliche, unverkennbare »chèvre«-Charakter je nach Region, Lage, Reifungsgrad und Schimmelkulturen entsprechend stark.

Der in ganz Frankreich und im Mittelmeerraum noch weitgehend auf kleinen Bauernhöfen und Kooperativen hergestellte Ziegenkäse kommt in unterschiedlichen Formen auf den Markt: als Rollen *(bûches)*, kleine Zylinder *(bûchettes)*, Glocken *(clochettes)* sowie als Pyramiden, Würfel und so weiter. Die Bezeichnung *crottin*, die, falls es Sie interessiert, Pferdeapfel bedeutet, bezieht sich auf die Form der kleinen runden Ziegenkäse und auch auf ihren bräunlichen Belag bei zunehmender Reifung. Crottin de Chavignol ist der bekannteste Käse dieser Art und begehrt wegen seines frisch-säuerlichen und ausgeprägten Aromas.

Mittlerweile erfreut sich Ziegenkäse auch international großer Beliebtheit bei den Konsumenten, und viele kleine Käsereien haben sich auf die Herstellung individueller Sorten spezialisiert, um die wachsende Nachfrage zu decken.

Einkauf und Lagerung

Angesichts der Sortenvielfalt und der jahreszeitlichen Abweichungen innerhalb dieser Käsegruppe sollten Sie den Käse vor dem Kauf probieren. Auf diese Weise gehen Sie sicher, dass der Grad der Säuerung, des Salzgehalts, Reife, Trockenheit und andere Faktoren Ihrem persönlichen Geschmack entsprechen. Frühjahr und Herbst sind ausgesprochen gute Zeiten, um Ziegenkäse zu kaufen, obwohl der Crottin de Chavignol im Winter meist noch besser schmeckt. Vermeiden Sie nach Möglichkeit Crottins mit harter, zäher Rinde, es sei denn, Sie suchen ausdrücklich nach einem alten, durchgereiften Käse. Kaufen Sie aber auf gar keinen Fall Käse, der unappetitlich aussieht und ranzig riecht.

Viele Ziegenkäse werden ungereift oder wenig gereift verkauft. Bedenken Sie aber, dass der Käse unter einer Käseglocke bei Zimmertemperatur (etwa 20 °C) innerhalb kürzester Zeit nachreift. Wenn Sie den Käse in einem bestimmten Reifestadium belassen möchten, wickeln Sie ihn in Folie und bewahren ihn luftdicht verschlossen im Kühlschrank auf. Die meisten Ziegenkäse bleiben so mindestens eine Woche frisch.

Blauschimmelkäse

Ihre charakteristische Äderung erhalten die Blauschimmelkäse durch Schimmelpilze, die der Milch häufig noch vor dem Säuern zugefügt werden und deren Aktivität durch das sogenannte Pikieren während der Reifung angeregt wird. Bei diesem Vorgang werden die Käselaibe mit Nadeln durchstochen, damit der Sauerstoff eindringen kann, den die Schimmelpilze für ein gleichmäßiges Wachstum benötigen.

Als König der Blaukäse gilt zweifelsohne der französische Roquefort, der seine Äderung vor gut 2 000 Jahren von dem Schimmelpilz *Penicillium album* aus den Kalksteinhöhlen des Combalou-Plateaus in den Cevennen erhielt. Im Jahre 1411 erließ Karl VI. ein Gesetz, das den Namen Roquefort und das Herstellungsverfahren schützte. Diese Schutzbestimmungen gelten noch heute. Roquefort wird aus Schafmilch hergestellt, was für Blauschimmelkäse ungewöhnlich ist, diesem einzigartigen Käse jedoch auch sein kräftiges bis pikantes Aroma verleiht. Er ist in der Küche vielseitig verwendbar und harmoniert ausgezeichnet mit süßen oder anderen geschmacksintensiven Zutaten.

Milder, weicher und nicht ganz so salzig pikant wie der Roquefort ist der aus Italien stammende Klassiker der Blauschimmelkäse: Gorgonzola. Beide Sorten bilden nur wenig Rinde aus.

Für die Briten ist der Stilton der edelste Käse, allen voran der Stilton aus der Käserei Colston Bassett mit seinem ausgeprägten, rotbraunen Belag und seinem saftigen, cremigen Teig.

International verbreitet ist der rindenlose Edelpilzkäse Danablu, je nach Fettgehalt kräftig oder mild im Geschmack. Sehr sahnig und mild schmeckt der dänische Castello blue, mit weichem Teig und hohem Fettgehalt. Beliebt sind auch der deutsche Blauschimmelkäse Bergader oder der bayerische Blue Bayou, beide mit angenehm pikantem Aroma.

Irlands berühmtester Blauschimmelkäse heißt Cashel Irish Blue. Seine cremige, zart schmelzende Teigstruktur macht ihn zur idealen Zutat in der Küche.

Einkauf und Lagerung

Sein einzigartiges Aroma entfaltet Roquefort nach etwa sechs Monaten. Erst dann sollten Sie ihn kaufen. Im besten Falle ist sein cremiger, saftiger und nahezu weißer Teig dann gleichmäßig von blaugrünen Adern durchzogen und er riecht ganz leicht nach Schimmel. Diese Beschreibung trifft auf die meisten Blaukäse zu, die in Folie verpackt auf den Markt kommen. Nur ist ihr Teig in der Regel nicht so elfenbeinfarben wie der von Roquefort, und manche Sorten sind bereits nach drei Monaten ausgereift.

Gorgonzola sollte auf Druck leicht nachgeben und weder bräunlich noch hart sein. Entgegen der landläufigen Meinung sollte er nicht streng riechen. Optimal gereifter Stilton hat einen cremig weißen Teig mit einer gleichmäßigen grünlich blauen Marmorierung und eine offene Teigstruktur, die weder trocken, hart noch salzig ist.

Alle in Folie verpackten Blauschimmelkäse – mit Ausnahme von Gorgonzola – werden doppelt in Alufolie eingewickelt und anschließend kühl aufbewahrt. So bleiben sie in der Regel 8–12 Tage frisch. Zum Servieren sollte der Käse jedoch Zimmertemperatur haben, deshalb rechtzeitig aus dem Kühlschrank holen.

Stilton bewahrt man am besten in einem kühlen Keller oder einer entsprechenden Speisekammer auf. Dazu wickelt man ihn in ein feuchtes Geschirrtuch, das den Käse gegen Austrocknung schützt. Falls die örtlichen Gegebenheiten fehlen, lagert man ihn wie Roquefort.

Januar:
Mahon (K/S)
Pouligny-Saint-Pierre (Z)
Fourme d'Ambert (K)
Explorateur (K)

Februar:
Gorgonzola (K)
Tilsiter (K)
Beaufort (K)
Selles-sur-Cher (Z)

März:
Cantal (K)
Capricorn (Z)
Epoisses (K)
Brillat-Savarin (K)

April:
Gruyère (K)
Reblochon (K)
Sainte-Maure (Z)
Bleu d'Auvergne (K)

Mai:
Montgomery's Cheddar (K)
Pierre Robert (K)
Bruder Basil (K)
Crottin de Chavignol (Z)

Juni:
Pavé d'Affinois (K)
Geräucherter Caciocavallo (K)
Ardi Gasna (S)
Roquefort (S)

Juli:
Tête de Moine (K)
Livarot (K)
Saint-Marcellin (K/Z)
Pecorino sardo (S)

August:
Cabrales (Z)
Banon (K/Z)
Trappiste de Belval (K)
Valençay (Z)

September:
Maroilles (K)
Alter Gouda (K)
Vacherin Mont d'Or (K)
Lanark Blue (S)

Oktober:
Blue Wensleydale (K)
Munster (K)
Chaource (K)
Roubiliac (Z)

November:
Danablu (K)
Saint-Nectaire (K)
Tomme de Savoie (K)
Chabichou (Z)

Dezember:
Stilton (K)
Beaufort (K)
Brie de Meaux (K)
Vacherin (K)

K = Kuh, S = Schaf, Z = Ziege

Die Käseplatte

In einem guten Restaurant enthält die Käseplatte eine Zusammenstellung von 10–15 Käsesorten, die in Form, Farbe, Konsistenz und Geschmack variieren. Zu Hause sollte man sich lieber auf eine kleine Auswahl an optimal gereiftem Käse beschränken als eine große Auswahl an minderwertiger Ware anbieten. Eine kleine Käseplatte ist zudem weniger verwirrend für den Gaumen, und Ihre Gäste können somit jeden einzelnen Käse voll auskosten. Es empfiehlt sich, jeweils einen Hart- oder Schnittkäse, einen Halbfesten Schnittkäse, einen Weichkäse und einen Blauschimmelkäse auszuwählen.

Kaufen Sie den Käse möglichst im Käsefachgeschäft, wo die einzelnen Sorten ordnungsgemäß gelagert werden und das Personal Sie gut beraten kann. Um Ihren Gästen mal eine Abwechslung zu bieten, können Sie selbstverständlich auch eine alternative Käseplatte zusammenstellen. Anregungen finden Sie auf den Seiten 183–189.

Gekühlte Käse nimmt man mindestens eine halbe Stunde vor dem Verzehr aus dem Kühlschrank, damit sie ihr Aroma voll entwickeln können. Die fertige Käseplatte sollte jedoch nicht länger als 40 Minuten im Warmen stehen, weil die Käse sonst schwitzen. Um dies zu verhindern, kann man die Käse auf dem Brett (oder der Marmorplatte) anrichten und sie mit einem feuchten Tuch abdecken. Als Unterlage bevorzuge ich persönlich Holzbretter, und für jede Käsesorte lege ich ein Extramesser bereit, damit sich die einzelnen Aromen nicht vermischen.

Es ist eine Kunst für sich, den Käse so zu schneiden, dass die Käseplatte nicht nur bei ihrem Auftragen appetitlich aussieht und möglichst wenig Abfall entsteht. Kleine viereckige oder runde Käse, wie Camembert, sollten halbiert (quadratische Käse diagonal durchgeschnitten) und dann in kleine Keilstücke geteilt werden. Es galt schon immer als unfein, von einem Tortenstück Brie die Spitze abzuschneiden, so dass nur ein unansehnliches Randstück übrig bleibt. Stattdessen sollten von dem Tortenstück beidseitig lange Scheiben abgeschnitten werden, damit die ursprüngliche Form erhalten bleibt. Extrem hohe und schmale Käsestücke legt man am besten auf die Seite. So lassen sich mühelos dünne Scheiben abtrennen. Von zylinderförmigen Käselaiben wie Stilton wird oben erst ein »Deckel« abgeschnitten. Dann kann man runde Scheiben abschneiden oder einige Zentimeter unterhalb des Deckels eine Linie rund um den Käse ziehen und kleine Tortenstücke herausschneiden. Zum Aufbewahren wird der Deckel wieder aufgelegt, damit der Käse nicht austrocknet.

Was reicht man zum Käse? Nun, ich bevorzuge knuspriges Brot und eventuell noch ein paar säuerliche Trauben, knackige Äpfel oder reife Birnen. Gelegentlich serviere ich ein gutes Chutney zu einem Käse aus bäuerlicher Produktion (Rezept Seite 186–188).

Auf Seite 13 stelle ich Ihnen die von mir kreierten Käseplatten für die zwölf Monate des Jahres vor. Leser außerhalb Großbritanniens werden sicherlich nicht alle Sorten so ohne weiteres erhalten. Aber was wäre die Kochkunst ohne Improvisationstalent?

Käse und Wein – ideale Partner

Der bekannte Pariser Gastronom Alain Senderens erachtet die kulinarische Partnerschaft zwischen Käse und Wein für so wichtig, dass er in seinem Restaurant eine Liste mit berühmten Käsesorten und den dazu passenden Weinen auslegt. Letztendlich sollte bei der Wahl des Weines jedoch der persönliche Geschmack entscheiden, wenngleich man gut daran tut, ein paar allgemeine Richtlinien zu befolgen: Zu Käsesorten mit ausgeprägtem Geschmack gehören kräftige, schwere Weine, während milder Käse besser mit einem leichten, einfachen Wein harmoniert.

Dass Käse und Wein ideale Partner sind, ist meines Erachtens so pauschal nicht haltbar und trifft höchstens auf einfache Tisch- und Landweine zu. Natürlich kann ein Käse, insbesondere einer mit einem ausgeprägten Geschmack, die schlechte Qualität eines Weines überdecken. Andererseits »erschlägt« ein kräftiger Käse das feine Bukett eines Spitzenweines.

Nichtsdestotrotz kommen viele gelungene Partnerschaften zwischen Käse und Wein zustande, vor allem wenn Sie den Käse passend zu einem leichten bis mittelschweren Rotwein aussuchen, eventuell einem Wein, der bereits zum Hauptgang gereicht wurde. In diesem Fall können Sie unter den zahlreichen Hart- und Schnittkäsen wählen: Gruyère, Beaufort, Comté, Emmentaler, Appenzeller, einen milden Cheddar, Cheshire oder Fontina, um nur einige Sorten zu nennen. Sie können sich aber auch vorsichtig an die Vielfalt der Halbfesten Schnittkäse herantasten und dort Ihre Auswahl treffen. Hier sind der Reblochon und der Pont l'Évêque wärmstens zu empfehlen, jedoch nur, wenn sie, richtig gelagert, ihren dezenten, fast süßlichen Geschmack bewahrt haben. Vorsicht ist geboten bei Camembert und Brie: Durchgereift entwickeln diese Sorten manchmal einen penetranten Ammoniakgeschmack, der guten Wein regelrecht abtötet. Am besten ist es, diese Weichkäse nicht zu lange im Voraus zu kaufen, weil sie innerhalb von 1–2 Tagen ihren Höhepunkt überschreiten.

Wenn Sie einen weißen Sancerre oder einen Pouilly Fumé zum Hauptgang servieren und damit zum Käsegang überleiten möchten, sind Sie in der glücklichen Lage, eine der weltweit gelungensten Verbindungen von Käse und Wein zu genießen: frischen Ziegenkäse und spritzigen, trockenen Weißwein. Mit einer Auswahl an sechs Sorten Ziegenkäse können Sie eine Käseplatte zusammenstellen, die optisch sehr interessant ist, vor allem wenn Sie das Holzbrett oder einen großen, flachen Korb mit seidig glänzenden, grünen Blättern von Wein, Platane oder Kastanie auslegen.

Eine echte Herausforderung besteht darin, den passenden Partner für einen kräftigen, salzig pikanten Blaukäse zu finden, der für leichte Rotweine zu aggressiv wäre, wie etwa der Roquefort trotz seines einzigartigen Aromas. Zu Blauschimmelkäse allgemein – und zu Roquefort im Besonderen – passen aber sehr gut süße Sauternes und andere Dessertweine. Wenn Sie einen Sauternes zum Dessert reichen, haben Sie auch gleich den passenden Wein zum Käse.

Falls Sie keinen Dessertwein vorgesehen haben, dann bietet sich Portwein zu kräftigem Blaukäse an, und insbesondere zu Stilton. Wenn Sie unbedingt einen Rotwein kredenzen möchten, dann sollten Sie zu einem schweren und körperreichen Bordeaux greifen oder, zu besonderen Anlässen, zu einem Gigondas oder Côte Rôtie.

Ein junger bis mittelalter Gorgonzola oder ein entsprechender Bleu de Bresse oder aber ein milderer Blaukäse wie der Dolcelatte oder der Dolcelatte torta ist der ideale Partner für einen Zinfandel, einen Barolo oder einen Barbaresco. Ein gut durchgereifter Gorgonzola wäre allerdings auch für diese robusten Weine zu aggressiv.

Kochen mit Käse

Soll Käse in der Küche verwendet werden, gilt es neben seinem individuellen Charakter einige weitere Punkte zu beachten. Ich habe festgestellt, dass ich im Sommer mehr Frischkäse für leichte Speisen und Desserts verwende und im Winter eher die härteren Sorten bevorzuge, die einem Gericht mehr Tiefe und Geschmack verleihen. Hartkäse wie Parmesan, Cheddar und Gruyère sind die beliebtesten Käse in der Küche. Ihr gutes Schmelzverhalten macht sie ideal für Saucen, Pasta und Gratins. Blauschimmelkäse sorgen für echte Aromafülle, deshalb sollten die sehr würzigen Sorten wie Roquefort nur sparsam verwendet werden. Weichkäse wie Camembert, Brie und deren Verwandtschaft kommen beim Kochen weniger zum Einsatz, da zu viel Rinde im Vergleich zum Teig anfällt. Käse aus dieser Gruppe schmilzt aber gut auf Suppen oder Brot und lässt sich auch ausgezeichnet grillen oder am Stück backen. Zunehmender Beliebtheit erfreut sich Ziegenkäse mit seinen vielfältigen Zubereitungsmöglichkeiten in der Küche: als Zutat in Salaten, Pizza, Saucen, Füllungen und auch Desserts.

Käse reagiert ganz unterschiedlich, je nachdem wie er zubereitet wird. Wichtig ist, dass er der Hitze nicht zu stark ausgesetzt wird – außer beim Grillen, doch dann ist die Garzeit ohnehin sehr kurz. Übergarter Käse wird gummiartig und zäh. Oberhalb einer bestimmten Temperatur gerinnt das Eiweiß, so dass sich das Fett vom Wasser absetzt und Fäden zieht. Um dies zu verhindern, wird Käse erst zum Ende der Kochzeit zugegeben. Bei der Zubereitung einer Sauce sollte der Topf von der Kochstelle genommen und erst dann der Käse untergerührt werden, bis er geschmolzen ist.

Hartkäse verträgt höhere Temperaturen als Weichkäse. Käsesorten wie Halloumi, Feta und Mozzarella werden am besten rasch bei starker Hitze gegart. Klassisches Beispiel ist der Mozzarella, der in der Glut eines traditionellen Pizzaofens gebacken wird. Der hohe Fett- oder Wassergehalt von Frischkäse hat zur Folge, dass diese sich leicht mit Flüssigkeit verbinden und somit wie geschaffen sind für Saucen.

Abschließend noch ein paar Tipps: Zum Reiben den Käse kurz einfrieren, dann lässt er sich besser handhaben. Vorsicht beim Salzen von Käsegerichten: Die meisten Käse enthalten nämlich von Haus aus reichlich Salz, deshalb die Speise immer erst probieren und dann nachsalzen.

Käse und Gesundheit

Käse ist ein wertvolles Nahrungsmittel mit einem hohen Gehalt an Eiweiß, Vitamin A und Kalzium, einem wichtigen Mineralstoff zur Vorbeugung gegen Osteoporose. Käse enthält außerdem Vitamine der B-Gruppe (B_2, B_{12}), Vitamin D, Niacin und Folsäure sowie Phosphor und Zink. Nicht nur Kinder profitieren von Käse – denn das darin enthaltene Kalzium fördert das Wachstum der Knochen und Zähne –, sondern auch ältere Menschen, weil Käse einen großen Teil der Wertstoffe enthält, die anderweitig oft nicht zugeführt werden. Vitamin B_{12} ist vor allem für Vegetarier interessant. Speziell für diese Gruppe von Konsumenten sind mittlerweile Käsesorten auf dem Markt, für die zum Dicklegen der Milch statt des herkömmlichen Labs aus dem Magen junger Kälber pflanzliches Lab verwendet wird.

Es lässt sich allerdings nicht leugnen, dass viele Käsesorten sehr fetthaltig sind, sehr zum Verdruss aller figurbewussten Menschen. Trotzdem glaube ich, dass Käsegenuss zu einer gesunden Ernährung dazugehört. Wie bei vielen anderen Dingen kommt es auch hier auf die Menge und Qualität an.

Beim Kochen zahlt es sich aus, guten Käse zu verwenden. Wenn Sie zum Beispiel statt eines industriell hergestellten Cheddars einen aus bäuerlicher Produktion an die Käsesauce geben, werden Sie feststellen, dass dieser Käse wesentlich ausgeprägter im Geschmack und somit auch viel ergiebiger ist. Und obwohl er teurer ist, sparen Sie dennoch Kalorien und Geld.

Verwenden Sie bitte nicht die sogenannten Halbfettkäse, die in manchen Supermärkten angeboten werden. Diese Sorten enthalten zwar nur halb so viel Fett, aber dafür schmecken sie auch nach nichts.

Nährwerttabelle für gängige Käsesorten pro 100 g

Käse	*Kohlenhydrate (g)*	*Fett (g)*	*Eiweiß (g)*	*Kalorien (Kcal)*
Brie	Spuren	26,9	19,3	319
Camembert	Spuren	23,7	20,9	297
Chaumes	1.0	25,4	21,0	317
Cheddar	0,1	34,4	25,5	410
Chèvre (Ziegenkäse)	Spuren	25,6	21,0	314
Danablu	1,0	29,0	20,0	336
Dolcelatte	Spuren	36,0	17,3	394
Edamer	Spuren	24,1	27,1	326
Feta	3,0	24,2	17,2	298
Fontina	0,1	30,45	25,2	381
Gorgonzola	Spuren	26,0	19,0	333
Gouda	Spuren	31,0	24,0	375
Gruyère	0,8	32,0	28,0	403
Mascarpone	4,8	40,3	5,5	404
Mozzarella (Vollfettstufe)	Spuren	25,4	18,0	301
Mozzarella (Halbfettstufe)	1,8	10,5	20,0	182
Parmesan	Spuren	32,7	39,4	452
Pont l'Évêque	Spuren	22,5	24,0	299
Ricotta (Vollfettstufe)	2,6	14,8	10,0	185
Roquefort	1,8	29,0	21,0	352
Stilton	0,1	35,5	22,7	411

Hinweise zu den Rezepten

- Butter ist stets ungesalzen.
- Eier (groß) stammen von frei laufenden Hühnern.
- Für die Zubereitung von hellen Saucen wird häufig gekochte Milch in der Zutatenliste angegeben. Das Aufkochen und anschließende Abseihen der Milch ist zwar nicht unbedingt erforderlich, aber es macht die Sauce glatter.
- In den meisten Rezepten werden Käsealternativen vorgeschlagen. Sie können ersatzweise verwendet werden, falls der in der Zutatenliste aufgeführte Käse schwer zu beschaffen ist, oder aber es handelt sich um australische oder amerikanische Käsevarianten für die Leser außerhalb Europas.

Manchmal habe ich auch einen völlig anderen Käsetyp vorgeschlagen, gewissermaßen zur Abwandlung des Rezeptes.

Wichtig

Manche Rezepte enthalten rohe oder nur knapp gegarte Eier. Diese Zubereitungen sollten wegen Salmonellengefahr von Schwangeren, Kleinkindern, alten Menschen und allen, die an einer Immunschwäche leiden, gemieden werden.

Wegen der minimalen Listeriosegefahr sollten die genannten Personengruppen ebenfalls auf Käse mit Rinden- und Schimmelbildung verzichten.

Basisrezepte

Gemüsefond

ERGIBT ETWA 1 L

2 EL Olivenöl
1 Zwiebel, gehackt
1 kleine Lauchstange, gehackt
75 g Knollensellerie, gehackt
2 große Möhren, gehackt
1 Stange Sellerie, gehackt
75 g Weißkohl, gehackt
½ Knolle Fenchel, gehackt
4 Knoblauchzehen, gehackt
125 ml Weißwein (nach Belieben)
4 schwarze Pfefferkörner
1 frischer Thymianzweig
1 Lorbeerblatt
1,5 l Wasser
2 TL Salz

Rezepte für einen Gemüsefond gibt es zuhauf: Jeder Koch schwört auf seine eigene Zubereitung, doch in fast allen kommen süßlich schmeckende Gemüse wie Möhren und Lauch vor.

Das Öl in einem großen Topf erhitzen und das zerkleinerte Gemüse und den Knoblauch darin etwa 5 Minuten dünsten. Nach Belieben mit dem Wein aufgießen, dann die Pfefferkörner, den Thymianzweig, das Lorbeerblatt und das Wasser zugeben.

Bei starker Hitze zum Kochen bringen, salzen und dann 40 Minuten sanft köcheln lassen, bis sich die Flüssigkeit um ein Drittel reduziert hat. Den fertigen Fond durch ein feinmaschiges Sieb abseihen und abkühlen lassen. Bis zur weiteren Verwendung im Kühlschrank aufbewahren oder einfrieren.

MEIN TIPP Sie können den Fond auch als Fertigprodukt kaufen. Die Zubereitungen in Gläsern sind in der Regel von guter Qualität und können für alle hier aufgeführten Rezepte, für die Sie Fond benötigen, verwendet werden. Manche Produkte sind allerdings recht salzig, deshalb Vorsicht beim Salzen. Selbst gemachte Fonds kosten natürlich erheblich weniger als gekaufte.

Geflügelfond

ERGIBT ETWA 1,75 L

2,3 kg rohes Hühnerklein (Hals, Karkassen) oder Hühnerflügel und -keulen
350 g Zwiebeln, gehackt
350 g Möhren, gehackt
150 g Staudensellerie, gehackt
1 Stange Lauch, gehackt
1 Bouquet garni (siehe Tipp)

Der leichte, klare Geflügelfond ist die ideale Grundlage für Suppen und Saucen.

Das Hühnerklein in einen großen Topf geben, mit kaltem Wasser aufgießen und langsam zum Kochen bringen. Alle Unreinheiten, Trüb- und Schwebstoffe, die an die Oberfläche steigen, regelmäßig abschäumen, dann das zerkleinerte Gemüse und das Bouquet garni zugeben. 4 Stunden leise köcheln lassen, dann den Fond durch ein feines Sieb abseihen und abkühlen lassen. Bis zur weiteren Verwendung im Kühlschrank aufbewahren oder einfrieren.

MEIN TIPP Für ein Bouquet garni ein Lorbeerblatt und je zwei frische Zweige Petersilie und Thymian mit Küchengarn zusammenbinden und die Kräuter in ein Stück grünes Porreeblatt einwickeln.

Geflügelfond mit Käsegeschmack

ERGIBT ETWA 1 L

15 g (1 EL) Butter
1 Zwiebel, in Scheiben geschnitten
1 Stange Lauch, in Scheiben geschnitten
2 Knoblauchzehen, geschält und halbiert
1 l Geflügelfond (siehe gegenüberliegende Seite)
Je ein paar frische Zweige Petersilie, Rosmarin und Thymian
100 g Käserinde von Hartkäse

Käsereste und vom Reiben übrig gebliebene Rinde können so noch verwendet werden. Parmesan ist für dieses Rezept besonders geeignet. Der Fond erhält durch den Käse ein wundervolles, intensives Aroma und kann als Basis für Risotto, Pasta, Saucen und Suppen dienen.

Die Butter in einem schweren Topf erhitzen und die Zwiebel mit dem Lauch und Knoblauch darin bei milder Hitze weich garen. Den Geflügelfond, die Kräuter und die Käsereste zugeben und aufkochen lassen.

Sobald die Flüssigkeit kocht, die Temperatur herunterschalten und 20 Minuten sanft köcheln lassen, dann den Fond durch ein feinmaschiges Sieb abseihen und abkühlen lassen. Den mit Käse verfeinerten Fond bis zur weiteren Verwendung im Kühlschrank aufbewahren oder tiefgefrieren.

Kalbs- oder Rinderfond

ERGIBT ETWA 1,75 L

90 ml Pflanzenöl
900 g Rinder- oder Kalbsknochen, klein gehackt
450 g Rinder- oder Kalbsparüren, klein geschnitten
3 Möhren, gehackt
2 Zwiebeln, gehackt
1 Stange Sellerie, gehackt
2 Knoblauchzehen, zerdrückt
50 g Tomatenpüree
1 Bouquet garni (siehe Tipp gegenüberliegene Seite)

Sie können diesen Fond mit Rinder- oder Kalbsknochen zubereiten; Letztere ergeben einen feineren Geschmack.

Den Backofen auf 220 °C vorheizen. Die Hälfte vom Öl in einem Bräter erhitzen und die Knochen darin etwa 30 Minuten anrösten, bis alles gut gebräunt ist. In der Zwischenzeit das restliche Öl in einem großen, tiefen Bräter erhitzen und die Parüren darin anbraten.

Wenn alles gut gebräunt ist, die Knochen, das Gemüse und den Knoblauch zugeben, mit Wasser auffüllen und behutsam zum Kochen bringen. Alle Unreinheiten, Trüb- und Schwebstoffe, die an die Oberfläche steigen, von Zeit zu Zeit abschöpfen. Das Tomatenpüree unterrühren und das Bouquet garni zugeben, dann bei sehr milder Hitze 2 Stunden köcheln lassen, zwischendurch den Fond regelmäßig abschäumen. Den fertigen Fond durch ein feinmaschiges Sieb abseihen und abkühlen lassen. Bis zur weiteren Verwendung im Kühlschrank aufbewahren oder einfrieren.

Reduzierter Kalbs- oder Rinderfond

Den abgeseihten Fond in einen Topf geben und weiter einkochen, bis sich die Flüssigkeit um die Hälfte verringert hat. Den reduzierten Fond wie oben beschrieben im Kühlschrank aufbewahren oder einfrieren.

Einfache Käsesauce (Sauce Mornay)

ERGIBT ETWA 600 ML

900 ml Milch
1 Zwiebel, geschält und mit
3–4 Gewürznelken gespickt
50 g (4 EL) Butter
50 g Weizenmehl
100 g Gruyère, gerieben
1 TL Dijonsenf
Frisch geriebene Muskatnuss
125 ml Crème double
2 Eigelb
Salz
Frisch gemahlener schwarzer Pfeffer

KÄSEALTERNATIVEN

Aufregend anders schmeckt die Sauce, wenn Sie den Gruyère durch einen Ziegenkäse oder Blauschimmelkäse ersetzen.

Diese klassische helle Sauce, angereichert mit Sahne und Eigelb, enthält als würzige Zutat Gruyère.

Die Milch mit der Zwiebel in einen Topf geben und zum Kochen bringen, dann den Topf von der Kochstelle nehmen und 5 Minuten ziehen lassen.
Für die Mehlschwitze die Butter in einem separaten Topf zerlassen, das Mehl hineinstreuen und bei mittlerer Hitze 2–3 Minuten unter kräftigem Rühren anschwitzen.

Die Zwiebel aus der Milch herausnehmen und die Milch nach und nach unter die Mehlschwitze rühren. Behutsam zum Kochen bringen. Sobald der Siedepunkt erreicht ist, die Hitzezufuhr reduzieren und die Sauce 20 Minuten sanft köcheln lassen; zwischendurch gelegentlich rühren, damit die Sauce nicht am Topfboden ansetzt.

Den Topf von der Kochstelle nehmen und den geriebenen Käse unterrühren. Sobald er geschmolzen ist, den Senf zugeben und mit Muskat, Salz und Pfeffer abschmecken. Falls eine glattere Konsistenz gewünscht ist, die Sauce durch ein feinmaschiges Sieb abseihen. Zum Schluss die Sahne und das Eigelb unterrühren.

Schnelle Käsesauce

FÜR 4 PERSONEN

125 ml Gemüsefond (Rezept S. 16)
125 ml Crème double
40 g Parmesan, frisch gerieben
2 TL Pfeilwurzelmehl
75 g gut gekühlte Butter, klein geschnitten
Salz
Frisch gemahlener schwarzer Pfeffer

Diese Sauce ist im Handumdrehen fertig und schmeckt gut.

Den Gemüsefond mit der Sahne zum Kochen bringen und 2–3 Minuten köcheln lassen. In einer Schüssel den geriebenen Käse und das Pfeilwurzelmehl mit etwas kaltem Wasser zu einer glatten Paste verrühren. Die Paste in die kochend heiße Flüssigkeit geben und das Ganze bei milder Hitze unter Rühren andicken. Die Butterstückchen nacheinander mit einem Schneebesen unter die Sauce schlagen, bis sie glatt und glänzend ist. Mit Salz und Pfeffer abschmecken und sofort servieren.

MEIN TIPP Verfeinert mit frischen Kräutern wie Kerbel, Schnittlauch und Estragon passt diese Sauce ausgezeichnet zu Fisch.

Buttermischungen mit Käse

FÜR 4 PERSONEN

Mit Käse aromatisierte Butter lässt sich gut im Voraus zubereiten und bis zum Verzehr im Kühlschrank aufbewahren oder auch einfrieren. Bei Bedarf schneidet man sie dann in Scheiben und verwendet sie als Garnitur für Gegrilltes wie Fisch, Steaks oder Gemüse.

Camembertbutter

ERGIBT ETWA 200 G

1/4 Camembert, entrindet
125 g weiche Butter
Frisch gemahlener schwarzer Pfeffer

Alle Zutaten im Mixer oder in der Küchenmaschine zu einer glatten Paste verarbeiten, dann auf ein Stück Alufolie geben. In der Folie zu einer Rolle formen und bis zur weiteren Verwendung kühl stellen.

Roquefortbutter

ERGIBT 250 G

100 g Roquefort
150 g (10 EL) weiche Butter
1 EL gehackte frische Petersilie
Frisch gemahlener schwarzer Pfeffer

Die Zubereitung ist im Grunde die gleiche wie bei der Camembertbutter. Sehr ansprechend sieht es aus, wenn man die Buttermasse in einzelnen Förmchen fest werden lässt. Wie wäre es mit einem Butterherz?

Roquefortbutter mit grünem Pfeffer

1 Esslöffel zerdrückte grüne Pfefferkörner unter die noch weiche Roquefortbutter rühren.

Ricottabutter mit Zitronenthymian und Knoblauch

ERGIBT 225 G

100 g Ricotta
100 g weiche Butter
1 Knoblauchzehe, zerdrückt
1 EL frischer Zitronenthymian

Alle Zutaten im Mixer oder in der Küchenmaschine gut verrühren. In Alufolie zu einer Rolle formen oder auf einer Platte glatt streichen, kühl stellen und aus der festen Butterplatte dekorative Formen ausstechen.

Pesto mit Ziegenkäse und Koriander

ERGIBT ETWA 300 ML

1 Knoblauchzehe, zerdrückt
50 g Koriandergrün
1 EL Pinienkerne
150 ml natives Olivenöl extra
2 EL frisch geriebener Parmesan
75 g weicher, milder Ziegenkäse, zum Beispiel Sainte-Maure, Bûchette Sariette
50 g Mascarpone
Salz
Frisch gemahlener schwarzer Pfeffer

KÄSEALTERNATIVEN

Kervella (Aust.), Montrachet (USA) oder jeder andere zarte Ziegenkäse

Sie werden beim Studieren des Buches immer wieder die Vielseitigkeit dieser Sauce entdecken. Sie schmeckt ausgezeichnet zu frischer Pasta und eignet sich vortrefflich als Füllung für Gemüse, Fisch oder Huhn, wenn Sie die Olivenölmenge um die Hälfte reduzieren. Variieren können Sie auch mit den Kräutern: Ersetzen Sie zum Beispiel das Koriandergrün durch Basilikum, die klassische Zutat im Pesto, oder durch eine Mischung aus frischen Kräutern.

Den Knoblauch mit Koriandergrün und Pinienkernen im Mixer fein pürieren, dann das Olivenöl nach und nach – wie bei der Zubereitung von Mayonnaise – unterarbeiten. Parmesan und Ziegenkäse zugeben und diese Mischung zu einer dicken, glatten Sauce mixen. Mit Salz und Pfeffer abschmecken.

Ziegenkäse-Vinaigrette mit Kreuzkümmel

ERGIBT ETWA 300 ML

100 g weicher, milder Ziegenkäse
2 EL heißes Wasser
2 EL Rotweinessig
1/2 TL gemahlener Kreuzkümmel
1 EL gehackter frischer Oregano (nach Belieben)
1 Eigelb
100 ml Pflanzenöl oder Erdnussöl
Salz
Frisch gemahlener schwarzer Pfeffer

Diese unkonventionelle Vinaigrette passt zu Salat von Frühlingsgemüse und schmeckt auch vorzüglich zu Carpaccio von Rinderfilet (siehe Seite 48) als Alternative zum Dolcelatte-Senf-Dressing.

Den Ziegenkäse in eine Schüssel geben und mit dem heißen Wasser zu einer glatten, cremigen Paste rühren. Essig, Kreuzkümmel, Oregano, falls verwendet, und Eigelb zugeben und unterrühren. Das Olivenöl nach und nach unterarbeiten, dann den Pesto mit Salz und Pfeffer abschmecken. Da manche Ziegenkäse von Natur aus recht salzig sind, den Pesto nur sparsam salzen.

Quarkmayonnaise

FÜR 4 PERSONEN

2 Eigelb
2 EL Rotweinessig
4 (5) EL Olivenöl
225 g Speisequark
2 EL Wasser
Salz
Frisch gemahlener schwarzer Pfeffer

KÄSEALTERNATIVEN

Fettarmer Frischkäse oder Ricotta

Speisequark der Magerstufe enthält so gut wie kein Fett (nur 1–3 %) und ist daher für alle zu empfehlen, die ihren Fettkonsum einschränken möchten und für die Mayonnaise wegen ihres hohen Fettgehalts normalerweise verboten ist. Obwohl das Rezept aus geschmacklichen Gründen ein wenig Olivenöl enthält, wurde der Löwenanteil durch Speisequark ersetzt. Das Ergebnis ist eine insgesamt gesündere »Mayonnaise« von cremiger Konsistenz, die obendrein gut schmeckt.

Das Eigelb mit dem Essig und einer Prise Salz cremig rühren. Das Öl erst tropfenweise und dann in feinem Strahl – wie bei der Zubereitung einer echten Mayonnaise – unter ständigem Schlagen mit dem Schneebesen dazufließen lassen, bis eine leichte Emulsion entsteht. Den Quark mit dem Wasser anrühren und unter die Masse rühren, dann mit Salz und Pfeffer abschmecken.

Gesalzener Mürbeteig

ERGIBT 450 G

250 g Weizenmehl
175 g gut gekühlte Butter, klein geschnitten
1 Ei, verschlagen
1 Prise Salz

Für Käsemürbeteig 4 Esslöffel frisch geriebenen Parmesan mit der Butter in das Mehl einarbeiten.

Das Mehl auf eine saubere Arbeitsfläche oder in eine große Schüssel sieben. Die Butterstückchen darauf verteilen und Mehl und Butter mit den Fingerspitzen möglichst schnell verkneten. In die Mitte eine Vertiefung drücken und das verschlagene Ei und die Prise Salz hineingeben. Mit den Händen alles zu einem glatten Teig verkneten und zu einer Kugel formen. Die Teigkugel in Frischhaltefolie wickeln und bis zur weiteren Verwendung etwa 30 Minuten kühlen.

Süßer Auslegeteig

ERGIBT 675 G

350 g Weizenmehl
225 g weiche Butter, klein geschnitten
1 Prise Salz
100 g Puderzucker, gesiebt
Fein abgeriebene Schale von 1/2 Zitrone (unbehandelt)
1 Ei, verschlagen

Dieser gehaltvolle Mürbeteig ist für die meisten Obstkuchen und -törtchen geeignet.

Das Mehl auf eine saubere Arbeitsfläche sieben und in die Mitte eine Vertiefung drücken. Zuerst die Butterstückchen mit Salz, Zucker und abgeriebener Zitronenschale, dann das verschlagene Ei hineingeben. Das Mehl mit den Handballen und Fingerspitzen in die Mitte schieben und mit den anderen Zutaten zu einem glatten Teig verarbeiten. Den Teig 1 Minute durchkneten, bis er schön geschmeidig ist, dann zu einer Kugel formen. Die Teigkugel in Folie wickeln und 2 Stunden kühlen.

Briocheteig

ERGIBT 12 KLEINE BRIOCHES ODER 1 BRIOCHEBROT

10 g frische Hefe
2 EL Milch
450 g Weizenmehl
1 TL Salz
20 g (1½ EL) extrafeiner Zucker
4 Eier
100 g weiche Butter
1 Ei, mit 1 EL Milch verschlagen (zum Glasieren)

Dieses Hefegebäck schmeckt fantastisch zum Frühstück, es passt zu Pikantem und Süßem, wie meine Rezepte, zum Beispiel Warme Brioche mit Ziegenkäse und Lauch (Seite 40) und Croque Mademoiselle (Seite 178), zeigen.

Die Hefe in der Milch auflösen. Das Mehl mit dem Salz und dem Zucker auf eine saubere Arbeitsfläche sieben und in die Mitte eine Mulde drücken. Die Eier mit der aufgelösten Hefe verrühren und in die Vertiefung gießen. Die Zutaten mit den Handballen zusammenschieben, bis alles gut gemischt ist, dann den weichen Teig 2–3 Minuten durchkneten. Die weiche Butter mit den Händen einarbeiten, dann weitere 10 Minuten kneten, bis der Teig schön geschmeidig ist und sich leicht klebrig anfühlt. Den Teigkloß in Frischhaltefolie wickeln und 30 Minuten in den Kühlschrank stellen.

Den gut gekühlten Teig in zwölf gleich große Stücke teilen, zu Kugeln formen und in gebutterte Briocheformen legen. Oder den Teig zu einem Laib formen und in eine gefettete Kastenform mittlerer Größe legen. Den ausgeformten Teig zugedeckt an einem warmen Ort 30–40 Minuten gehen lassen, bis er etwa das Doppelte seines Volumens erreicht hat. Den Backofen auf 200 °C vorheizen.

Die Teigoberfläche mit der Mischung aus Ei und Milch bestreichen und die Brioche(s) goldbraun backen – die kleinen Brioches etwa 20 Minuten, den Laib etwa 40 Minuten. Danach auf ein Kuchengitter stürzen und abkühlen lassen.

Cheddar-Zwiebel-Brot

ERGIBT 1 BROT

1 gehäufter TL frische Hefe
125 ml Wasser
2 TL Pflanzenöl
275 g Weizenmehl
1 Prise Salz
1 Prise Zucker
1 Ei, verschlagen
50 g Zwiebel, fein gewürfelt
175 g reifer Farmhouse Cheddar (aus bäuerlicher Produktion), gerieben
25 g Parmesan, frisch gerieben

Dieses Kastenbrot (Abbildung Seite 189) ist fix zubereitet, da der Teig nur einmal gehen muss. Die meisten Rezepte empfehlen zwar zum Brotbacken warmes Wasser, aber ich bin der Meinung, dass es mit kaltem ebenso gut funktioniert.

Die Hefe in einer kleinen Schüssel mit dem Wasser glatt rühren. Das Öl zugießen. Das Mehl mit Salz und Zucker in eine Schüssel sieben und in die Mitte eine Vertiefung drücken. Das Hefegemisch mit der Hälfte vom verschlagenen Ei hineingießen und mit dem Mehl zu einem weichen Teig verarbeiten. Den Teig auf eine bemehlte Arbeitsfläche geben und 10 Minuten durchkneten, bis er elastisch und glänzend ist. Den Teigkloß 3 Minuten ruhen lassen, dann die Zwiebelwürfel und den Käse einarbeiten. Den Teig formen und in eine gefettete Kastenform von 450 g Fassungsvermögen geben, abdecken und an einem warmen Ort gehen lassen, bis sich das Teigvolumen verdoppelt hat.

Den Backofen auf 220 °C vorheizen. Die Teigoberfläche mit dem restlichen Ei bestreichen und das Brot in 25–30 Minuten goldbraun backen.

Stiltonbrot

ERGIBT 2 KASTENBROTE

20 g frische Hefe
300 ml Wasser
2 TL Malzextrakt
2 TL Rohrzuckersirup *(golden syrup)*
500 g Weizenmehl
2 TL Salz
150 g Blue Stilton, zerkrümelt

Es mag extravagant anmuten, diesen edlen Käse in Brot zu verbacken, doch dank seines ausgeprägten Geschmacks braucht man nur wenig davon (Abbildung Seite 189).

Die Hefe mit wenig Wasser von der angegebenen Menge in einer kleinen Schüssel glatt rühren. Den Malzextrakt und den Sirup untermischen. Das Mehl mit dem Salz in eine große Schüssel sieben und in die Mitte eine Vertiefung drücken. Die aufgelöste Hefe mit dem restlichen Wasser hineingießen und nach und nach vom Rand her das Mehl mit den Händen unterarbeiten, bis ein weicher Teig entsteht. Den Teig auf einer leicht bemehlten Arbeitsfläche 8–10 Minuten durchkneten, bis er glatt und elastisch ist. Den Teigkloß wieder in die gesäuberte Schüssel geben und zugedeckt mit einem feuchten Geschirrtuch etwa 50 Minuten an einem warmen Ort gehen lassen, bis er etwa das Doppelte seines Volumens erreicht hat.

Den aufgegangenen Teig zwei- bis dreimal kräftig zurückschlagen und halbieren. Jedes Teigstück zu einem etwa 20 × 30 cm großen Rechteck ausrollen. Den Käse auf den Teigplatten verteilen und die Platten gleichmäßig und fest aufrollen. Die Rollen in zwei gefettete Kastenformen von 450 g Fassungsvermögen legen. Nochmals abdecken und an einem warmen Ort gehen lassen. Den Backofen auf 200 °C vorheizen. Die Teigoberfläche mit Mehl bestäuben und die Brote in 35–40 Minuten goldbraun backen. Für die Garprobe die Brote aus der Form nehmen und an die Unterseite klopfen: Sie sollten hohl klingen.

Brot mit Mozzarella und getrockneten Tomaten

ERGIBT 1 BROT

1 EL Olivenöl
2 Knoblauchzehen, zerdrückt
50 g getrocknete Tomaten in Öl, abgetropft und fein gehackt
2 EL gehackte schwarze Oliven
1 Rezept Briocheteig (siehe gegenüberliegende Seite)
1 Kugel Mozzarella aus Kuhmilch, gut abgetropft und in 5 mm dünne Scheiben geschnitten
Butter zum Ausfetten
1 EL frisch geriebener Parmesan
Etwas Milch zum Bestreichen

Für dieses Rezept wird der Briocheteig mit Mozzarella, Oliven und getrockneten Tomaten belegt und fest aufgerollt. Wenn das fertige Brot später aufgeschnitten wird, kommt ein hübsches und farbenfrohes Spiralmuster zum Vorschein.

Die Hälfte des Olivenöls in einem kleinen Topf erhitzen und den Knoblauch darin 1 Minute andünsten, ohne zu bräunen. Die getrockneten Tomaten und die gehackten Oliven unterrühren und 1 Minute mitdünsten, dann abkühlen lassen.

Den Briocheteig auf 25 × 25 cm ausrollen und mit dem restlichen Olivenöl bestreichen. Den Mozzarella dachziegelartig auf der Teigplatte auslegen, dabei 5 cm vom Rand aus in einer Ecke beginnen. Den Käse mit der Oliven-Tomaten-Mischung bestreuen, dann die Teigplatte wie eine Biskuitrolle aufwickeln.

Eine große Kastenform leicht einfetten und mit dem geriebenen Parmesan ausstreuen. Die Briocherolle hineinlegen, mit einem feuchten Geschirrtuch abdecken und 25 Minuten an einem warmen Ort gehen lassen. Den Backofen auf 200 °C vorheizen. Die Teigoberfläche mit Milch bestreichen und das Brot 25 Minuten backen, bis es goldbraun und knusprig ist.

Kapitel 1

Vorspeisen

Taramasalata mit Frischkäse auf Tapenaden-Crostini

FÜR 4 PERSONEN

3 Scheiben Weißbrot, entrindet
1 Knoblauchzehe, zerdrückt
100 g geräucherter Kabeljaurogen, enthäutet
75 g Mascarpone
3 EL Zitronensaft
6 EL Olivenöl
2 EL Tapenade
8 Scheiben knuspriges Baguette (je 1 cm dick)
Salz
Frisch gemahlener schwarzer Pfeffer

Meine Variation der traditionellen griechischen Fischrogencreme enthält sahnigen Frischkäse. Den Einheimischen kommen wahrscheinlich die Tränen! Meiner Ansicht nach mildert der Käse den kräftigen Rauchgeschmack des Rogens, der in diesem Rezept verwendet wird, dezent ab – probieren Sie es doch mal und urteilen Sie selbst.

Das entrindete Weißbrot 5 Minuten in etwas Wasser oder besser noch in Milch einweichen. Überschüssige Flüssigkeit ausdrücken und das feuchte Brot in einen Mixer oder eine Küchenmaschine geben. Den Knoblauch, den Rogen und den Frischkäse zugeben und das Ganze zu einer glatten Paste mixen. Den Zitronensaft und 4 Esslöffel Olivenöl unterrühren und das Püree in eine Schüssel umfüllen. Mit Salz und Pfeffer abschmecken und anschließend mindestens 2 Stunden gut durchkühlen lassen.

Zum Servieren die Tapenade mit dem restlichen Olivenöl mischen. Die Weißbrotscheiben toasten, mit dem Püree bestreichen und etwas von der Tapenade darauf geben.

MEIN TIPP Tapenade, ein Püree aus schwarzen Oliven und Sardellen, gibt es mittlerweile in allen gut sortierten Supermärkten und Delikatessenläden in Gläsern zu kaufen. Die Qualität der provenzalischen Dipsauce ist in der Regel recht gut. Eine Tapenade aus grünen Oliven erfüllt den gleichen Zweck. Ich reiche diese Crostini gern mit einem Aperitif oder einem Gläschen Ouzo. Was spricht dagegen?

Doppelt geröstete rote Paprikastreifen mit Halloumi, Kapern und Oliven

FÜR 4 PERSONEN

4 große rote Paprikaschoten
4 EL Olivenöl
2 Knoblauchzehen, in hauchdünne Scheiben geschnitten
2 EL gehackte glatte Petersilie
12 schwarze Oliven, entsteint und halbiert
2 EL Kapern *nonpareilles*, abgespült und abgetropft
8 Scheiben Halloumi (je 1 cm dick)
Salz
Frisch gemahlener schwarzer Pfeffer

Für das Dressing

2 EL Weißweinessig
125 ml Olivenöl
½ TL Dijonsenf
½ kleine rote Chilischote, entkernt und fein gehackt

KÄSEALTERNATIVE

Feta

Die leuchtenden Farben dieses Gerichts sind fast genauso verlockend wie sein kräftiger Geschmack. Obwohl ich diese Vorspeise meist warm serviere, schmeckt sie auch kalt sehr gut. Die Petersilie kann nach Belieben durch Oregano oder Basilikum ersetzt werden.

Den Backofen auf 200 °C vorheizen. Die Paprikaschoten längs halbieren und entkernen, mit etwas Olivenöl bestreichen und salzen und pfeffern. Die Paprikahälften 40 Minuten im Ofen backen, bis sie weich sind. Aus dem Ofen nehmen und auf Handwärme abkühlen lassen, dann die Haut abziehen und die Hälften längs in 2 cm breite Streifen schneiden.

Eine feuerfeste Form mit Olivenöl ausstreichen. Die Paprikastreifen hineinlegen, Knoblauch, Petersilie, Oliven und Kapern darüber geben und mit Salz und Pfeffer würzen. Die Käsescheiben darauf verteilen, mit dem restlichen Olivenöl beträufeln und noch einmal 10–12 Minuten in den heißen Backofen stellen, bis der Käse so eben schmilzt.

In der Zwischenzeit die Zutaten für das Dressing gründlich verrühren und mit Salz und Pfeffer abschmecken. Die überbackenen Paprikastreifen aus dem Ofen nehmen und mit dem Dressing beträufeln. Dazu knuspriges Kräuter-Baguette reichen.

MEIN TIPP Für die Zubereitung von knusprigem Kräuter-Baguette die Brotscheiben mit Olivenöl bestreichen und mit gehackten frischen Kräutern bestreuen. Anschließend die Scheiben unter dem heißen Grill goldbraun rösten.

DOPPELT GERÖSTETE ROTE PAPRIKASTREIFEN MIT HALLOUMI, KAPERN UND OLIVEN

Mousse von Feta und gerösteten Paprika mit Rucola und Pinienkernen

FÜR 4 PERSONEN

1 große rote Paprikaschote
150 ml Olivenöl
225 g griechischer Feta
200 g griechischer Joghurt
1 Knoblauchzehe, zerdrückt
3 Blatt Gelatine
1 EL Balsamessig
1 Hand voll junge Rucolablätter
1 EL Pinienkerne
Salz
Frisch gemahlener schwarzer Pfeffer

Dies ist meine Variante der griechischen Vorspeise »Ktipiti«, die in der Regel mehr einem Dip als einer Mousse ähnelt. Der salzige Feta ist ein angenehmer Kontrast zum pikant-würzigen, fast pfeffrigen Geschmack der Rauke.

Den Backofen auf 200 °C vorheizen. Die Paprikaschote mit 2 Esslöffel Olivenöl einreiben, auf ein Backblech setzen und 40 Minuten backen, bis sie weich ist. Auf Handwärme abkühlen lassen, dann die Haut abziehen, die Schote halbieren und entkernen. Die Paprikahälften mit Feta, Joghurt, Knoblauch und 4 Esslöffel Olivenöl in den Mixer geben und fein pürieren.

Die Blattgelatine in einen kleinen Topf geben, mit etwa 3 Esslöffel Wasser bedecken und 5 Minuten quellen lassen. Anschließend bei milder Hitze auflösen. Sorgfältig unter das Püree rühren und die Mischung durch ein feines Sieb streichen. Mit Salz und Pfeffer würzen und das Püree auf vier Soufflé-Förmchen verteilen. Die Mousse 1–2 Stunden im Kühlschrank fest werden lassen.

Den Balsamessig mit dem restlichen Olivenöl zu einem Dressing verrühren und mit Salz und Pfeffer abschmecken. Die Mousse auf Servierteller stürzen. Die Rucolablätter und die Pinienkerne durch das Dressing ziehen und auf den Tellern mit der Mousse anrichten.

Emmentaler-Corniottes mit Marc de Bourgogne

ERGIBT ETWA 20 STÜCK

250 g Speisequark oder Ricotta
150 ml Crème fraîche
2 EL Marc de Bourgogne
200 g Emmentaler, gerieben
2 Eier, verschlagen
Frisch geriebene Muskatnuss
1 Rezept Gesalzener Mürbeteig (S. 21)
1 Ei, mit 2 EL Milch verschlagen, zum Glasieren
Salz
Frisch gemahlener schwarzer Pfeffer

KÄSEALTERNATIVEN

Appenzeller oder Gruyère

»Corniottes« heißen die dreieckigen Pastetchen mit süßer oder pikanter Füllung. Das knusprige Gebäck ist eine Spezialität aus dem Burgund, wo es als Imbiss gereicht wird. Falls Sie keinen Marc de Bourgogne zur Hand haben, können Sie auch Kirschwasser verwenden.

Den Backofen auf 200 °C vorheizen. Den Quark oder Ricotta mit der Crème fraîche und der Spirituose in einer Schüssel mischen und mit dem geriebenen Käse und den Eiern zu einer glatten Paste rühren. Mit Muskatnuss, Salz und Pfeffer abschmecken und beiseite stellen.

Den Mürbeteig 3 mm dünn ausrollen und runde Plätzchen von 10 cm Durchmesser ausstechen (etwa 20 Stück). Auf jedes Plätzchen mit Hilfe von zwei Teelöffeln ein kleines Häufchen Käsefüllung setzen, den Rand mit kaltem Wasser befeuchten, dann den Teig dreimal über der Füllung einschlagen, so dass ein spitzes Dreieck entsteht. Die Ränder gut andrücken, damit die Füllung beim Backen nicht ausläuft. Die Pastetchen bis zu einer Stunde gut durchkühlen lassen, dann mit verquirltem Ei bestreichen und in 20–25 Minuten goldbraun backen. Die Corniottes heiß oder warm servieren.

Gepresste Lauchterrine mit Cashel Irish Blue und grünem Pfeffer

FÜR 8–10 PERSONEN

30 Stangen junger Lauch
1 Prise Zucker
250 g Cashel Irish Blue, zerkrümelt
2 EL grüne Pfefferkörner
2 hart gekochte Eier, Eiweiß und Eigelb getrennt und gehackt
2 Schalotten, fein gehackt
1 EL gehackter frischer Estragon
Salz
Frisch gemahlener schwarzer Pfeffer

Für das Dressing

2 EL Champagneressig
8 EL Walnussöl
½ TL Dijonsenf

KÄSEALTERNATIVEN

Jeder Blauschimmelkäse ist geeignet. Probieren Sie einmal Bleu des Causses, Roquefort oder Saint-Agur.

Diese Terrine sollte besonderen Anlässen vorbehalten bleiben, denn sie ist relativ aufwändig in der Herstellung. Außerdem schmeckt sie ganz frisch am besten und sollte nicht lange aufbewahrt werden.

Die Lauchstangen putzen, gründlich waschen und auf 20–25 cm Länge einkürzen. Wasser mit einer Prise Zucker und etwas Salz in einem großen Topf zum Kochen bringen. Die Lauchstangen hineingeben, aufkochen lassen und in 8–10 Minuten bissfest garen. Die Stangen herausnehmen und etwas abkühlen lassen. Überschüssige Flüssigkeit vorsichtig ausdrücken und den Lauch mit einem sauberen Geschirrtuch trockentupfen.

Eine Kastenform mit den Maßen 20 × 7,5 × 7,5 cm mit einem großen Stück Frischhaltefolie auskleiden, die an allen Seiten etwa 5 cm überhängt. Etwa 6–8 (gegebenenfalls auch mehr) Lauchstangen jeweils mit dem weißen Ende zu einer Seite auf dem Boden auslegen und salzen und pfeffern. Mit etwas Käse, Pfefferkörnern, gehacktem Eiweiß und Eigelb, Schalotten und Estragon bestreuen. Wieder mit Lauch bedecken; diesmal alle Stangen so ausrichten, dass die grünen Blattteile auf den weißen Enden der ersten Schicht liegen. Mit den oben genannten Zutaten bestreuen und in dieser Reihenfolge weiterschichten, bis alle Stangen verbraucht sind und die Form bis an den Rand gefüllt ist. Zwischendurch Salzen und Pfeffern nicht vergessen. Mit einer Lage Lauch abschließen. Die überhängende Folie über den Lauch schlagen.

Ein Brett in der Größe der Kastenform auf den Lauch legen und mit einem Gewicht (oder mehreren Dosen) beschweren, um den Inhalt der Kastenform zusammenzupressen. Über Nacht in den Kühlschrank stellen.

Zum Servieren die Terrine auf ein Brett stürzen und die Frischhaltefolie vorsichtig abziehen. Mit einem scharfen Messer mit langer Klinge (besser noch mit einem elektrischen Messer) die Terrine in 1 cm dicke Scheiben schneiden und auf Servierteller verteilen. Die Zutaten für das Dressing kräftig verrühren, mit Salz und Pfeffer abschmecken und die Terrine damit umgießen.

Gratinierte Austern auf Kartoffelbrei mit Petersilie und Bleu d'Auvergne

FÜR 4 PERSONEN

250 g Frühkartoffeln
4 EL Milch
4 EL Olivenöl
2 EL gehackte frische glatte Petersilie
24 pralle Austern
Salz
Frisch gemahlener schwarzer Pfeffer

Für die Sauce

2 Eigelb
4 EL trockener Weißwein
150 ml Crème double
75 g Bleu d'Auvergne, zerkrümelt

KÄSEALTERNATIVEN

Roquefort, amerikanischer Maytag Blue oder Oregon Blue

Die Kombination von Austern und Blauschimmelkäse mag höchst seltsam anmuten, sie harmonieren aber vortrefflich miteinander. Es ist meine Variante eines Gerichtes, das ich während eines einwöchigen Aufenthaltes als Gastkoch im Hotel Bel-Air in Los Angeles kennen lernte. Das Originalrezept verlangt einen Maytag Blue, einen sahnigen, leicht salzigen Blaukäse aus Iowa, den ich durch einen Bleu d'Auvergne ersetzt habe.

Die Kartoffeln in Salzwasser so eben gar kochen, dann gründlich abtropfen lassen und schälen. In eine Schüssel geben, mit der Milch und dem Olivenöl übergießen, die Petersilie zugeben und mit einer Gabel grob zerdrücken. Mit Salz und Pfeffer abschmecken und warm stellen.

Die Austern aufbrechen und aus der Schale lösen, das »Austernwasser« zurückbehalten (siehe Tipp). Den flachen Deckel der beiden Austernschalen wegwerfen, den unteren Teil gründlich säubern.

Für die Sauce Eigelb und Wein in einer kleinen Schüssel verrühren, dann die Schüssel über einen Topf mit siedendem Wasser setzen und die Mischung aufschlagen, bis sie ihr Volumen verdoppelt hat. Crème double und den Blaukäse 2–3 Minuten in einem Topf aufkochen lassen, dann den Eierschaum und das abgeseihte Austernwasser behutsam unterrühren.

Zum Servieren die zerdrückten Kartoffeln auf die gereinigten Austernschalen verteilen. Die Austern salzen, auf die Kartoffelmasse setzen und mit der Sauce überziehen. 5 Minuten unter dem heißen Grill (oder im vorgeheizten Backofen) goldbraun überbacken. Sofort servieren.

MEIN TIPP Zum Öffnen der Austern benötigt man einen sogenannten Austernbrecher oder ein kurzes Messer mit kräftiger Klinge. Die Hand zum Schutz mit einem Geschirrtuch umwickeln, eine Auster in die Hand nehmen und die Klinge am Scharnier der Auster zwischen die beiden Schalen stoßen. Das Messer drehen, um den Deckel aufzuhebeln, und an der Innenseite des flachen Deckels entlangziehen, um den Muskelstrang zu trennen. Als Nächstes den Muskelstrang lösen, der die Auster mit der unteren Schale verbindet. Die Auster herausnehmen und das kostbare Austernwasser durch ein feines Sieb gießen und auffangen.

Gratinierte Austern auf Kartoffelbrei mit Petersilie und Bleu d'Auvergne

Goldbraune Parmesan-Brioches mit Taleggio, sautierten Eiertomaten und Oregano

FÜR 4 PERSONEN

2 EL Olivenöl
2 Knoblauchzehen, zerdrückt
450 g kleine Eiertomaten, halbiert
2 EL gehackter frischer Oregano
2 Eier, verschlagen
100 ml Milch
50 g Parmesan, frisch gerieben
Frisch geriebene Muskatnuss
4 Scheiben Brioche (Rezept S. 22), je 2 cm dick
40 g Butter
4 EL Käsestreifen von gereiftem Taleggio
Salz
Frisch gemahlener schwarzer Pfeffer

KÄSEALTERNATIVEN

Der Taleggio kann durch frisch gehobelten Parmesan oder Asiago ersetzt werden.

Dieses schlichte Rezept ist eine pikante Variante der sogenannten Armen Ritter. Ein wohl gereifter Taleggio verleiht diesem Gericht einen sahnigen, aromatischen und leicht säuerlichen Geschmack, der mit der Süße der Tomaten und der Brioche vortrefflich harmoniert. Falls gelbe Eiertomaten erhältlich sind, können Sie zur Hälfte rote und gelbe Früchte verwenden. Das sieht fantastisch aus.

Das Öl in einem Topf erhitzen, den Knoblauch zugeben und 1 Minute andünsten. Die Tomatenhälften hinzufügen und anbraten, bis sie beginnen weich zu werden. Mit Salz und Pfeffer abschmecken und mit Oregano bestreuen. Warm halten.

Eier, Milch und Parmesan in einer flachen Schüssel verquirlen, mit etwas Muskatnuss, Salz und Pfeffer würzen. Die Briochescheiben nach Belieben zerteilen oder ganz lassen. Von beiden Seiten in die gewürzte Eiermilch tauchen.

Die Butter in einer Bratpfanne erhitzen und die getränkten Briochescheiben darin von beiden Seiten 2–3 Minuten goldbraun braten.

Die Brioches auf Servierteller verteilen und mit den sautierten Tomaten belegen. Je eine Scheibe Taleggio obenauf legen und das Ganze zum Servieren unter den heißen Grill schieben. Herausnehmen, sobald der Käse eben schmilzt.

MEIN TIPP Nur beste, vollreife, süße Tomaten verwenden. Kirsch- und Eiertomaten sind in der Regel schmackhafter und aromatischer als andere Sorten. Notfalls können Sie auf Fleischtomaten ausweichen und diese in Scheiben schneiden. Eine Prise Zucker beim Sautieren hebt den Geschmack, falls die Qualität zu wünschen übrig lässt. Gute Brötchen aus Hefeteig sind ein annehmbarer Ersatz für die Brioche.

Goldbraune Parmesan-Brioches mit Taleggio, sautierten Eiertomaten und Oregano

TALEGGIO
ALLEGRO PASTORE

Mozzarella mit Ratatouille-Füllung im Schinkenmantel

FÜR 4 PERSONEN

3 EL natives Olivenöl extra
1 kleine Aubergine, in Scheiben geschnitten
1 Zucchino, in Scheiben geschnitten
1 Knoblauchzehe, zerdrückt
1 TL gehackter frischer Thymian
2 Kugeln Mozzarella aus Kuhmilch
2 Eiertomaten, gehäutet und in Scheiben geschnitten
8 dünne Scheiben Prosciutto (luftgetrockneter Schinken)
50 g (4 EL) Butter
Salz
Frisch gemahlener schwarzer Pfeffer

Für das Dressing

2 EL Balsamessig
6 EL natives Olivenöl extra
1 Tomate, enthäutet, entkernt und gewürfelt
½ EL gehackte schwarze Oliven
6 frische Basilikumblätter, zerpflückt

KÄSEALTERNATIVE

Provolone

Obwohl der echte aus Büffelmilch hergestellte Mozzarella allgemein höher geschätzt wird als die Kuhmilchvariante, bevorzuge ich für dieses Rezept Mozzarella aus Kuhmilch, weil seine Textur nicht so milchig ist und er besser die Form behält.

Für die Ratatouille das Öl in einer Pfanne erhitzen und die Auberginen- und Zucchinischeiben darin braten, bis sie weich sind. Knoblauch und Thymian hinzufügen und 1 Minute mitbraten, dann das Gemüse mit Salz und Pfeffer abschmecken und abkühlen lassen.

Die Mozzarellakugeln jeweils längs in vier gleich große Scheiben schneiden und leicht salzen und pfeffern. Die Ratatouille auf vier Mozzarellascheiben verteilen und die restlichen Käsescheiben obenauf legen, so dass insgesamt vier gefüllte Mozzarella-Sandwiches entstehen. Jedes Käsesandwich mit zwei Scheiben Schinken umwickeln, damit die Füllung nicht ausläuft, und mindestens 30 Minuten gut durchkühlen lassen.

Die Butter in einer großen Bratpfanne erhitzen und die Mozzarella-Sandwiches darin auf jeder Seite 2–3 Minuten goldgelb braten. Die fertigen Sandwiches auf vier Serviertellern anrichten. Die Zutaten für das Dressing kräftig mixen und mit Salz und Pfeffer abschmecken. Die Mozzarella-Sandwiches mit der Sauce umgießen und sofort servieren.

MEIN TIPP Werden die gefüllten Mozzarellakugeln über einem offenen Feuer gegrillt, erhalten sie einen feinen Rauchgeschmack. Manch einer wird sich wundern, dass ich die Aubergine für dieses Rezept nicht vorher salze. Wenn Sie sie wie hier in dünne Scheiben schneiden, macht das Entwässern meines Erachtens wenig Sinn. Bei Verwendung von halbierten Auberginen sollten Sie das Salzen vor dem Garen jedoch nicht vergessen.

Mozzarella mit Ratatouille-Füllung im Schinkenmantel

Baba Ghannooj mit Roubiliac und Thymian

FÜR 4 PERSONEN

3 mittelgroße Auberginen
2 EL Tahin (Sesampaste)
1 Knoblauchzehe, zerdrückt
1 TL gemahlener Kreuzkümmel
2 EL Zitronensaft
1 Ziegenkäserolle Roubiliac, in 12 Scheiben geschnitten
2 EL frische Thymianblättchen
4 EL Walnussöl
Salz
Frisch gemahlener schwarzer Pfeffer

KÄSEALTERNATIVE

Jeder frische weiche Ziegenkäse in Rollenform

Baba Ghannooj ist ein Auberginenpüree mit Tahin, das im Mittleren Osten vielerorts gegessen wird. Ich finde, dass Auberginen wunderbar mit Käse harmonieren. Für dieses Gericht werden ausgehöhlte Auberginenhälften mit dem gewürzten Auberginenpüree gefüllt, mit Ziegenkäse und Thymian belegt und anschließend im Ofen überbacken. Ich liebe diese Zusammenstellung. Reichen Sie dazu grünen Salat mit einer orientalisch anmutenden Sauce, zum Beispiel eine Vinaigrette mit enthäuteten, entkernten und fein gewürfelten Tomaten, gehacktem Koriandergrün und einer Prise Kreuzkümmel.

Den Backofen auf 190 °C vorheizen. Die Auberginen längs halbieren, die Schnittflächen mit einem Messer kreuzweise einritzen und 45 Minuten bis 1 Stunde im Ofen backen, bis die Auberginen weich sind. Der äußere Rand sollte leicht angekohlt, aber nicht verbrannt sein. Die Hälften aus dem Ofen nehmen und abkühlen lassen, dann das Fruchtfleisch mit einem Löffel herausschaben, ohne die Haut zu verletzen. Das Fruchtfleisch sehr fein hacken und mit Sesampaste, Knoblauch, Kreuzkümmel, Zitronensaft und etwas Salz und Pfeffer mischen.

Die ausgehöhlten Auberginen mit dieser Mischung füllen (eventuell reicht die Füllung nur für vier Hälften). Die gefüllten Auberginen in eine leicht geölte, flache, feuerfeste Form setzen. Die Hälften mit dem in Scheiben geschnittenen Ziegenkäse belegen, mit den Thymianblättchen bestreuen und mit Walnussöl beträufeln. Für 8–10 Minuten im heißen Ofen backen, bis der Ziegenkäse eine goldbraune Farbe erhält und schmilzt.

Saganaki (Gebratener Schafkäse mit Zitronensaft)

FÜR 4 PERSONEN

75 g (6 EL) Butter
8 Scheiben Kasseri (gebrüht) oder Kefalotiri (frisch), je 2 cm dick
Saft von 1 Zitrone
Salz
Frisch gemahlener schwarzer Pfeffer

KÄSEALTERNATIVE

Halloumi

Gebratener Schafkäse zählt zu den Standardgerichten jeder Taverne in Griechenland, ob auf dem Festland oder auf einer der vielen Inseln. Die Speise besticht durch ihre Schlichtheit. Mit ihren nur drei Zutaten ist sie mit Sicherheit im Nu fertig und schmeckt vorzüglich, um nicht zu sagen nach mehr.

Die Butter in einer großen Pfanne erhitzen, bis sie schäumt, und die Käsescheiben darin auf jeder Seite 1–2 Minuten goldbraun braten. Leicht salzen und pfeffern und noch in der Pfanne mit dem Zitronensaft begießen. Den gebratenen Käse unverzüglich zu Tisch bringen. Dazu viel knuspriges Brot reichen.

MEIN TIPP Die Butter erhält durch den Zitronensaft eine feine Würze. Für zusätzliches Aroma gebe ich Kapern und frische Kräuter hinzu. In Griechenland wird der Käse mitunter auch mit Weinbrand am Tisch flambiert.

Goyère

FÜR 4–6 PERSONEN

450 g Kartoffeln, geschält und fein gewürfelt
25 g (2 EL) Butter
1 kleine Zwiebel, fein gehackt
100 g geräucherter Speck, gehackt
125 g Maroilles, entrindet und in ½ cm große Würfel geschnitten
2 Eier, verschlagen
100 ml Crème fraîche oder Crème double
Salz
Frisch gemahlener schwarzer Pfeffer

Für den Boden

75 g (6 EL) Butter
3 EL Milch
15 g frische Hefe
225 g Weizenmehl
2 Eier, verschlagen
1 Prise Salz
1 Prise brauner Zucker

KÄSEALTERNATIVE

Käsekenner sollten nach dem englischen Käse Stinking Bishop Ausschau halten, dessen Rinde mit dem Saft der gleichnamigen Birnensorte gewaschen wird, die auch der Herstellung von Birnenmost oder Birnencidre dient. Ihr verdankt der Käse seinen scharfen und doch sahnigen Geschmack.

Wie die »Flamiche« (Rezept S. 41) ist auch die »Goyère« eine reichhaltige Käse-Tarte aus Belgien und Nordfrankreich. Während manche Rezepte einen Mürbeteig verlangen, führen andere einen Brotteig ähnlich wie für Pizza an. Ich hingegen verwende für den Boden einen Hefeteig. Die Füllung für die »Goyère« wird im Allgemeinen mit einem in Aroma und Geschmack sehr kräftigen Käse, mit einem sogenannten Stinker, beispielsweise mit einem Maroilles oder einem Livarot zubereitet. Also nichts für Hasenfüße, doch in Kombination mit geräuchertem Speck und Kartoffeln wird daraus ein sehr wohlschmeckendes Gericht.

Für den Boden die Butter mit der Milch behutsam erhitzen, bis die Butter so eben geschmolzen ist. Auf Handwärme abkühlen lassen, dann die Hefe unter Rühren darin auflösen. Das Mehl in eine Schüssel sieben, in die Mitte eine Vertiefung drücken und die verschlagenen Eier mit Salz und braunem Zucker hineingeben. Die aufgelöste Hefe dazugeben und alle Zutaten zu einem glatten Teig vermischen. Den Teigkloß auf eine leicht mit Mehl bestäubte Arbeitsfläche geben und 5 Minuten mit der Hand kneten, bis der Teig glatt und glänzend ist. Den Teig zurück in die gesäuberte Schüssel geben, mit einem feuchten Tuch abdecken und so lange gehen lassen, bis er etwa das Doppelte seines Volumens erreicht hat.

Für die Füllung die Kartoffeln in Salzwasser garen, dann gründlich abtropfen lassen. Die Butter in einem Topf erhitzen, die Zwiebel dazugeben und bei milder Hitze anschwitzen. Den Speck hinzufügen und 5 Minuten mitbraten, dann den Topf vom Herd nehmen und abkühlen lassen.

Kartoffeln, Zwiebel, Speck und Käse in eine Schüssel geben und die Eier und die Sahne unterrühren. Die Mischung mit Salz und Pfeffer abschmecken.

Den aufgegangenen Teig zwei- bis dreimal kräftig zurückschlagen und auf der bemehlten Arbeitsfläche 5 mm dünn ausrollen. Eine Tarte-Form von etwa 23 cm Durchmesser mit der Teigplatte auslegen und den Teig am Rand reichlich überstehen lassen. Die Form auf ein Backblech stellen, mit der Kartoffel-Speck-Käse-Mischung füllen und den Teig an einem warmen Ort 30 Minuten aufgehen lassen. Den Backofen auf 170 °C vorheizen.

Überstehende Teigränder abschneiden und die Käse-Tarte 45 Minuten bis 1 Stunde im Ofen goldbraun backen.

Birnen-Tartelettes mit Blauschimmelkäse und Rosmarin

FÜR 4 PERSONEN

2 kleine Eiweiß
250 g Roquefort
1 EL Crème fraîche
1 Rezept Gesalzener Mürbeteig (S. 21)
1 EL fein gehackter frischer Rosmarin, außerdem einige Rosmarinnadeln zum Garnieren
50 g (4 EL) Butter, außerdem etwas zerlassene Butter zum Bestreichen
2 große vollreife, aber feste Birnen, geschält, das Kerngehäuse entfernt und längs in 1 cm dicke Spalten geschnitten
1 EL extrafeiner Zucker
1 TL Kreuzkümmel
Zum Glasieren 2 Eigelb, mit 1 EL Milch verschlagen
Salz
Frisch gemahlener schwarzer Pfeffer

KÄSEALTERNATIVEN

Alle Blauschimmelkäse mit recht kräftigem und würzigem Geschmack

Saftig süße Birnen sind ein vollendeter Kontrast zum pikanten Blauschimmelkäse und zum aromatischen Rosmarin. Der Belag für die Tartelettes lässt sich beliebig abwandeln: Probieren Sie doch einmal die Variante mit Mozzarella und Tomaten; als Würze etwas Pesto obenauf und wie gewohnt backen.

Das Eiweiß schaumig schlagen. Den Käse in eine Schüssel geben und mit einer Gabel leicht zerdrücken, dann den Eischnee und die Crème fraîche unterziehen. Die Masse mit Salz und Pfeffer abschmecken und gut durchkühlen lassen.

Den Mürbeteig etwa 3 mm dünn ausrollen. Mit einem glatten oder gezackten Teigrädchen vier runde Platten von je 12 cm Durchmesser schneiden. Die Teigplatten auf ein Backblech legen und mehrmals mit einer Gabel einstechen, damit sie beim Backen nicht zu sehr aufgehen. Die Käsemischung auf den Teigplatten verteilen, dabei außen einen Rand von 1–2 cm lassen. Die Tartelettes mit gehacktem Rosmarin bestreuen und in den Kühlschrank stellen.

Den Backofen auf 200 °C vorheizen. Die Butter in einem flachen Topf zerlassen, dann die Birnenspalten, den Zucker und so viel Wasser hinzufügen, dass die Birnen nach dem Aufkochen von 3–4 Esslöffel leichtem Sirup umgeben sind. 6–8 Minuten bei milder Hitze köcheln lassen, bis die Birnenspalten so eben weich sind, dann abkühlen lassen.

Die Birnenspalten fächerförmig auf den Tartelettes anordnen und mit der zerlassenen Butter bestreichen. Mit Kreuzkümmel und ein paar Rosmarinnadeln bestreuen, salzen und pfeffern und den Teigrand hochziehen und an die Birnen drücken. Die Teigränder mit dem verschlagenen Eigelb bestreichen und die Tartelettes in 15–20 Minuten goldbraun backen.

MEIN TIPP Die Birnen-Tartelettes können mehrere Stunden im Voraus oder auch bereits am Vortag backfertig zubereitet und bis zum Backen gut gekühlt aufbewahrt werden. Den Mürbeteig können Sie nach Belieben durch Blätterteig ersetzen.

BIRNEN-TARTELETTES MIT BLAUSCHIMMELKÄSE UND ROSMARIN

Warme Brioches, gefüllt mit Ziegenkäse, Minze und Lauch

FÜR 4 PERSONEN

50 g (4 EL) Butter
2 Stangen junger Lauch, in feine Ringe geschnitten
1 EL gehackte frische Minze
Frisch geriebene Muskatnuss
4 kleine Brioches von 5 cm Durchmesser (Rezept S. 22)
4 Crottins de Chavignol (Ziegenkäse), längs halbiert
Salz
Frisch gemahlener schwarzer Pfeffer

KÄSEALTERNATIVEN

Von den englischen Ziegenkäse-Sorten empfiehlt sich ein gut gereifter Chabis, der aus derselben Käserei in East Sussex stammt wie der Golden Cross. Oder Sie greifen auf den französischen Sainte-Maure zurück, von dem Sie vier Scheiben, je 2,5 cm dick, verwenden.

Anlässlich einer privaten Feier von acht Vegetariern im Lanesborough's Conservatory Restaurant habe ich diese Brioches als Vorspeise eines siebengängigen Menüs zum allerersten Mal zubereitet. Sie wurden einstimmig zum »Star des Abends« erkoren und stehen seitdem regelmäßig auf meiner Speisekarte.

Den Backofen auf 200 °C vorheizen. Die Butter in einem Topf zerlassen und den Lauch darin bei milder Hitze 8–10 Minuten weich dünsten. Gegebenenfalls etwas Wasser zugießen, falls die Lauchringe zu trocken werden und am Topfboden anhängen. Den Lauch aus dem Topf nehmen, die Minze unterrühren und mit Muskat, Salz und Pfeffer abschmecken.

Von jeder Brioche einen Deckel (etwa 1 cm dick) abschneiden und beiseite legen, dann die Brioches vorsichtig aushöhlen. Mit dem gewürzten Lauch füllen, je eine Käsescheibe obenauf setzen und die Brioches 5 Minuten im heißen Ofen durch und durch heiß werden lassen. Der Käse sollte gerade beginnen zu schmelzen. Die Deckel auf die Füllung setzen und die Brioches sofort servieren.

MEIN TIPP Zur Abwechslung den Ziegenkäse mit etwas Pesto, der grünen Basilikumsauce aus Genua, bestreichen, bevor die Brioches in den Ofen geschoben werden. Pesto bereite ich am liebsten frisch zu, und im Mixer geht das in Minutenschnelle. Fertiger Pesto aus dem Glas ist durchaus empfehlenswert, aber nichts geht über das herrliche Aroma von frischem Basilikum. Phylloteig oder auch Strudelteig ist ein guter Ersatz für Briocheteig: Vier Teigblätter ausbreiten, den Lauch auf sie verteilen, mit Ziegenkäse belegen und beides gut im Teig einwickeln; anschließend im Ofen goldbraun backen.

Flamiche aux trois fromages (Drei-Käse-Tarte)

FÜR 4–6 PERSONEN

3 Eier
300 ml Crème double
100 ml Milch
Frisch geriebene Muskatnuss
75 g Roquefort, in 1 cm große Würfel geschnitten
75 g Emmentaler, gerieben
75 g Ziegenkäse in 1 cm große Würfel geschnitten
250 g Blätterteig
Salz
Frisch gemahlener schwarzer Pfeffer

KÄSEALTERNATIVEN

Es können drei beliebige Käsesorten verwendet werden, aber ich persönlich halte eine Kombination aus Ziegenkäse, Blauschimmelkäse und einem Hartkäse für die beste Zusammenstellung.

Diese üppige Käse-Tarte aß ich das erste Mal vor gut zehn Jahren in einem einfachen Gasthaus in der französischen Provinz, und bis heute ist mir der unverwechselbare Geschmack in Erinnerung geblieben. Das Originalrezept enthielt als Ziegenkäse einen Sainte-Maure, dazu Roquefort und Emmentaler. Die Käsesorten werden nicht vermischt, sondern einzeln auf den Teig gegeben, so dass der Vergleich mit einer Mini-Käseplatte – vereint auf einer Tarte – durchaus angebracht ist. Das heißt aber auch, dass jedes Stück von der fertigen »Flamiche« ein wenig anders ausfällt – ein glücklicher Umstand, wenn die Geschmäcker verschieden sind. Sie können die einzelnen Käsesorten aber auch mischen und erhalten dann eine marmorierte Tarte.

Den Backofen auf 220 °C vorheizen. Eier, Sahne und Milch kräftig verrühren und mit Muskat, Salz und Pfeffer abschmecken. Die Eiermilch auf drei kleine Schüsseln verteilen und je eine Käsesorte untermischen. Die Schüsseln beiseite stellen und den Teig vorbereiten.

Den Blätterteig dünn ausrollen und eine Tarte-Form von 20 – 23 cm Durchmesser damit auslegen. Den Teigboden mehrmals mit einer Gabel einstechen, damit er beim Backen nicht zu stark aufgeht. Den Inhalt der drei Schalen auf je ein Drittel des Teigbodens gießen. Nach Belieben vorsichtig mit einer Gabel mischen, damit ein Marmormuster entsteht, oder die einzelnen Bereiche getrennt lassen. Die Tarte 30 – 40 Minuten backen, bis sie goldbraun ist. Heiß servieren.

MEIN TIPP Anstelle von Blätterteig können Sie auch Gesalzenen Mürbeteig (Rezept S. 21) verwenden. In diesem Fall müssen Sie den Boden vor dem Füllen aber 8 – 10 Minuten blind backen. Eine ungewöhnliche, aber erlesene Zugabe ist frisches Krabbenfleisch, das vor der Käse-Eier-Creme auf dem Teigboden verteilt wird.

Gebackener Reblochon in Wirsing

FÜR 4 PERSONEN

3 EL Pflanzenöl
100 g Kartoffeln, geschält und in 5 mm große Würfel geschnitten
1 Zwiebel, fein gehackt
75 g geräucherter Speck, in schmale Streifen geschnitten
50 g Pfifferlinge, in dünne Scheiben geschnitten
75 g kleine Champignons, feinblättrig geschnitten
2 EL frische Schnittlauchröllchen
8 grüne Kohlblätter (Früh- oder Winterwirsing)
Frisch geriebene Muskatnuss
1 Laib Reblochon, entrindet
25 g (4 EL) Butter, zerlassen
300 ml stark reduzierter Kalbs- oder Rinderfond (Rezept S. 17)
Salz
Frisch gemahlener schwarzer Pfeffer

KÄSEALTERNATIVEN

Saint-Nectaire (0,6 kg), Pont-l'Évêque oder ein Gubbeen, ungeräuchert oder geräuchert

Es war Pierre Carrier, der Inhaber des Hotels Albert Premier im französischen Chamonix, der mich zu diesem Rezept inspirierte. In seiner Version verwendete er einen lokalen Reblochon, hergestellt aus Ziegenmilch. Wann immer Ihnen ein solcher Käse begegnet, dann greifen Sie zu. Obwohl das Gericht, was die Zutaten betrifft, relativ teuer ist, lohnt sich der Aufwand. Sie werden mit himmlischen Aromen verwöhnt. Der gebackene Reblochon macht sich gut als sättigende Vorspeise, aber auch als unkonventionelles Mittagessen.

1 Esslöffel Öl in einer Pfanne erhitzen und die Kartoffeln darin goldbraun anbraten, bis sie so eben gar sind. Aus der Pfanne nehmen und beiseite stellen. Das restliche Öl in die Pfanne gießen und Zwiebel, Speck und Pilze unter Rühren dazugeben. Die Hitzezufuhr erhöhen und die Mischung goldbraun braten. Die Kartoffeln wieder hinzufügen, die Schnittlauchröllchen unterrühren und das Ganze abkühlen lassen.

Den Backofen auf 200 °C vorheizen. Die Wirsingblätter putzen, gegebenenfalls die Mittelrippen flach schneiden und die Blätter in kochendem Salzwasser bissfest garen. Mit einem Schaumlöffel herausnehmen und sogleich unter fließendem kaltem Wasser abschrecken, dann gründlich abtropfen lassen und trockentupfen.

Die Blätter – leicht überlappend – auf einer Arbeitsfläche kreisförmig auslegen und mit Muskat, Salz und Pfeffer würzen.

Den Reblochon längs halbieren, die Kartoffelmischung auf die untere Hälfte verteilen und mit der oberen Käsehälfte bedecken. Den Käselaib mitten auf die Wirsingblätter setzen und die Blattspitzen über den Käse schlagen, damit er völlig abgedeckt ist. Nochmals mit Muskat, Salz und Pfeffer würzen und den eingehüllten Käse mit zerlassener Butter bestreichen. In eine Backform setzen und 12–15 Minuten im Ofen backen, bis der Käse durch und durch warm ist. In der Zwischenzeit den reduzierten Fleischfond erhitzen. Sobald er heiß ist, den Käse aus der Form nehmen, auf einen Servierteller geben und mit dem Fond umgießen. Zum Servieren den Käselaib wie eine Torte in Stücke schneiden.

MEIN TIPP Sie können den Käselaib statt in Wirsingblätter auch in Blätterteig hüllen. Die Kohlblätter können Sie gegen Mangold oder Spinat austauschen. Vegetarier lassen den Speck weg und ersetzen den Kalbs- oder Rinderfond durch ein Dressing auf der Basis von Rotweinessig und Walnussöl.

Gebackene Artischocken auf griechische Art

FÜR 4 PERSONEN

8 mittelgroße oder 4 große Artischocken
Saft und abgeriebene Schale von
1 unbehandelten Zitrone
50 g frische Weißbrotkrumen
2 Knoblauchzehen, zerdrückt
1 EL gehackte frische Minze
1 EL gehacktes Koriandergrün
50 g Kasseri (griechischer Brühkäse aus Schafmilch), gerieben
150 ml Olivenöl
75 g Feta, zerkrümelt
150 ml trockener Weißwein
Salz
Frisch gemahlener schwarzer Pfeffer

KÄSEALTERNATIVEN

Es gibt im angelsächsischen Raum eine amerikanische Kasserivariante, die aus Wisconsin stammt und aus Kuhmilch hergestellt wird. Sie ist im Geschmack etwas pikanter und salziger. Stattdessen kann auch der italienische Provolone verwendet werden.

Für dieses Rezept sollten Sie nach Möglichkeit den griechischen Kasseri verwenden, einen gebrühten Hartkäse aus Schafmilch, der mild und sahnig im Geschmack und mit etwas Glück hierzulande in einem griechischen Lebensmittelgeschäft aufzutreiben ist. Die Artischocken werden mit einer angenehm säuerlichen Käse-Kräuter-Mischung gefüllt, die sich auch vorzüglich als Farce für ausgehöhlte Tomaten und Auberginen eignet.

Den Backofen auf 180 °C vorheizen. Dann die Artischocken vorbereiten: Dazu die Stiele unmittelbar unter dem Blütenkopf abbrechen und die äußeren dunklen Blätter abzupfen, bis die zarten inneren grünen Blätter zum Vorschein kommen. Die Artischocken sofort mit Zitronensaft einreiben, um Verfärbungen zu verhindern. Dann mit einem scharfen Messer das obere Drittel der Blütenköpfe parallel zur Basis abschneiden. Mit einem Teelöffel vorsichtig das »Heu« herausschaben. Die Artischocken in Zitronenwasser legen.

In einer Schüssel die abgeriebene Zitronenschale mit Weißbrotkrumen, Knoblauch, Minze, Koriander, geriebenem Käse und 2 Esslöffel Olivenöl mischen. Mit Salz und Pfeffer abschmecken.

Die Artischocken abtropfen lassen und trockentupfen, dann mit dem Feta füllen. Die Käse-Kräuter-Mischung darauf verteilen. Die Artischocken in eine feuerfeste Form setzen, mit dem Weißwein und dem restlichen Olivenöl beträufeln und so viel Wasser zugießen, dass die Artischocken bis zur Hälfte in der Flüssigkeit stehen. 35 Minuten im Ofen backen, bis das Gemüse gar ist. Zwischendurch hin und wieder mit der Garflüssigkeit begießen. Dann die Artischocken unter den heißen Grill schieben. Einige Minuten grillen, bis die Füllung schön gebräunt ist. Heiß oder kalt servieren.

GEBACKENE ARTISCHOCKEN AUF GRIECHISCHE ART

Gebackene Zucchini mit Blüten, gefüllt mit Mozzarella und Anchovis

FÜR 4 PERSONEN

8 Zucchini (je 5 cm lang) samt Blüte
4 eingelegte Anchovisfilets
1 Kugel Mozzarella aus Kuhmilch
3 EL chinesisches Mehl (siehe Tipp)
Pflanzenöl zum Frittieren
Salz
Frisch gemahlener schwarzer Pfeffer
Glatte Petersilie zum Garnieren
Zitronenspalten zum Servieren

Als mich mein Freund Stuart Partridge, seines Zeichens Küchenchef im Hassler-Hotel in Rom, kürzlich im Lanesborough besuchte, bereitete er dieses Gericht für uns zu. Es besticht durch seine schlichte Eleganz und sein Aroma. Sie können die Zucchini auch mit einer Tomatensauce reichen, ich mag sie jedoch am liebsten nur mit einem Spritzer Zitronensaft. Während die ganz kleinen, knapp fingerlangen Zucchini samt Blüte in Frankreich und Italien auf jedem Wochenmarkt angeboten werden, findet man sie hierzulande leider selten. Wohl dem, der einen eigenen Garten hat und selbst Zucchini anbaut: Er kann sie just dann ernten, wenn sie die passende Größe haben.

Die Zucchini jeweils an der Spitze etwa 1 cm einkürzen und die Abschnitte wegwerfen (oder anderweitig weiterverwenden). Die Blüten vorsichtig säubern und den dicken Blütenstempel entfernen. Die Sardellenfilets 10 Minuten wässern, dann mit Küchenpapier trockentupfen und halbieren. Den Mozzarella in acht gleich große fingerlange Stücke schneiden. Jedes Käsestück mit einem halben Sardellenfilet belegen, die Zucchiniblüte damit füllen und die Blütenenden zudrehen, damit die Füllung nicht herausfällt.

Das chinesische Mehl mit so viel Wasser verrühren, dass ein dünnflüssiger Teig entsteht, der eben am Löffelrücken haftet. Das Öl in einer Fritteuse oder einem großen Topf auf 180 °C erhitzen. Die Zucchini mit den gefüllten Blüten durch den Ausbackteig ziehen und 1–2 Minuten frittieren, bis sie goldbraun und knusprig sind; zwischendurch wenden. Die frittierten Zucchini gründlich auf Küchenpapier abtropfen lassen. Die Petersilienzweige in das heiße Fett tauchen und 10 Sekunden frittieren, dann auf Küchenpapier abtropfen lassen. Die Zucchini mit der Petersilie und den Zitronenspalten garnieren und sofort servieren.

MEIN TIPP Chinesisches Mehl ist gewöhnlich in asiatischen Lebensmittelgeschäften erhältlich. Falls Sie keines bekommen, können Sie den Ausbackteig selbst herstellen. Dazu ein kleines Eigelb mit 125 ml Eiswasser in eine Schüssel geben und behutsam 125 g Weizenmehl mit 1 Prise Salz unterrühren. Der Teig darf ruhig etwas klumpen. Die Zucchini mit den gefüllten Blüten in den Teig tauchen und wie oben beschrieben fortfahren. Wenn Sie keine Zucchiniblüten bekommen, das Rezept aber trotzdem gern ausprobieren möchten, wickeln Sie den Käse und die Anchovis zum Frittieren in blanchierte Spinatblätter oder dünne Scheiben von gebratener Aubergine.

Camembertküchlein auf Stachelbeer-Pfeffer-Chutney

FÜR 4–6 PERSONEN

350 g Camembert, nicht zu reif
50 g (4 EL) Butter
50 g Weizenmehl, außerdem etwas Mehl zum Wenden
350 ml Milch, abgekocht und abgeseiht
3 Eigelb
1 TL Dijonsenf
Frisch geriebene Muskatnuss
1 Ei, verschlagen
100 g Weißbrotkrumen
Pflanzenöl zum Frittieren
4–6 gehäufte EL Stachelbeer-Pfeffer-Chutney (Rezept S. 186)
Salz
Frisch gemahlener schwarzer Pfeffer

KÄSEALTERNATIVEN

Schottischer Bonchester, Weißer Prinz, Tomme Vaudoise

Diese Küchlein haben zum Glück nichts gemein mit den panierten und frittierten Camembertecken, die, mit einer zuckersüßen Marmelade als Beilage, in den siebziger und achtziger Jahren auf fast jeder Speisekarte zu finden waren und sich mir unerklärlicherweise großer Beliebtheit erfreuten. In meinem Rezept werden die Küchlein aus einer dickflüssigen und pikant gewürzten Käsesauce mit kleinen, zart schmelzenden Camembertwürfeln zubereitet. Dazu passt das fruchtig frische Chutney mit dem angenehm säuerlichen Geschmack.

Den Camembert entrinden und den Teig fein würfeln. Die Butter bei milder Hitze in einem Topf zerlassen, das Mehl einrühren und 2–3 Minuten anschwitzen. Nach und nach die kochend heiße Milch unter ständigem Rühren zugießen, dann die Flüssigkeit zum Kochen bringen und 5–10 Minuten sanft köcheln lassen, bis die Sauce eindickt. Den Topf von der Kochstelle nehmen, die Hälfte vom gewürfelten Camembert hinzufügen und in der Sauce schmelzen lassen. Leicht abkühlen lassen, dann das Eigelb nach und nach unterrühren. Den Senf zugeben und die Sauce mit Muskat, Salz und Pfeffer abschmecken. Zum Schluss die restlichen Käsewürfel unterrühren. Die Sauce in eine gut gefettete, flache Form oder Fettpfanne gießen; die Flüssigkeit sollte etwa 2 cm hoch in der Form stehen. Abkühlen lassen und abgedeckt mindestens 4 Stunden, vorzugsweise über Nacht, kühl stellen.

Die Käsemasse aus dem Kühlschrank nehmen und mit Förmchen von 5 cm Durchmesser 12 runde Plätzchen ausstechen. Die Käseplätzchen in Mehl wenden, durch das verschlagene Ei ziehen und in den Brotkrumen wälzen.

Das Öl in einer Fritteuse oder einem großen Topf auf 180 °C erhitzen, dann die Küchlein portionsweise 3–4 Minuten darin goldbraun und knusprig backen. Auf Küchenpapier abtropfen lassen und sofort mit dem Chutney als Beilage servieren.

Carpaccio von Rinderfilet mit Dolcelatte-Senf-Dressing

FÜR 4 PERSONEN

450 g Rinderfilet
4 EL Olivenöl
2 EL grobes Meersalz
300 g Knollensellerie
Saft von ½ Zitrone
3 EL Walnussöl
225 g Feldsalat (oder gemischte Blattsalate)
Salz
Frisch gemahlener schwarzer Pfeffer

Für das Dressing

1 Eigelb
2 EL Dijonsenf
1 EL Weißweinessig
1 TL brauner Rohrzucker
5 EL Pflanzenöl
1 EL fein gehackter frischer Dill, außerdem ein paar Zweige zum Garnieren
50 g Dolcelatte

KÄSEALTERNATIVEN

Danablu, Castello blue, Bergader, Bleu d'Auvergne

Dieses Dressing aus Senf und Edelpilzkäse ist eine gute Alternative zu Olivenöl und Parmesan, mit dem das Carpaccio traditionell serviert wird. Für ein warmes Carpaccio etwa 5 mm dünne Rindersteaks verwenden und die Fleischscheiben auf dem Holzkohlegrill etwa 1 Minute auf jeder Seite grillen.

Das Rinderfilet quer zur Faser in hauchdünne Scheiben schneiden. Falls dies Schwierigkeiten bereitet, das Fleisch in etwas dickere Scheiben schneiden, diese anschließend zwischen zwei Lagen geölte Frischhaltefolie legen und vorsichtig mit einem Nudelholz oder Fleischklopfer flach klopfen. Die Fleischscheiben nebeneinander auf vier großen Serviertellern anrichten. Mit dem Olivenöl beträufeln und mit Salz und etwas frisch gemahlenem schwarzem Pfeffer würzen.

Für das Dressing das Eigelb in eine Schüssel gleiten lassen und mit Senf, Essig und Zucker verrühren. Das Öl in dünnem Strahl zufließen lassen, dabei ständig kräftig rühren wie bei der Mayonnaise-Zubereitung. Den gehackten Dill unterrühren. Den Schimmelkäse in eine separate Schüssel geben und mit 2 Esslöffel kochend heißem Wasser zu einer glatten Paste rühren. Diese Paste gründlich mit dem Dressing mischen. Vorsicht beim Nachwürzen, da der Käse recht salzig ist.

Den Knollensellerie schälen, dann grob raspeln oder in feine Streifen schneiden (gelingt am besten mit einem Gemüsehobel). Den Sellerie in eine Schüssel geben, Zitronensaft und Walnussöl darüber gießen und mit Salz und Pfeffer abschmecken.

Zum Servieren den Feldsalat mit dem Dressing anmachen und auf dem Carpaccio anrichten, dann mit dem Sellerie bestreuen. Abschließend mit Dillzweigen garnieren.

MEIN TIPP Wenn Sie das Rindfleisch kurz anfrieren, lässt es sich leichter schneiden. Und wen die Aussicht auf Schneiden und Salzen zu sehr schreckt, der kann auch auf *Bresàola*, Scheiben von gesalzenem, getrocknetem und geräuchertem Rinderfilet, oder auf Parmaschinken zurückgreifen – beide Produkte sind für diese Vorspeise bestens geeignet. Die knackige, nussige Konsistenz des Knollenselleries verleiht dem Carpaccio ein unverwechselbares Aroma. Der Sellerie sollte auf keinen Fall in der Zutatenliste fehlen. Sie werden angenehm überrascht sein!

CARPACCIO VON RINDERFILET MIT DOLCELATTE-SENF-DRESSING

Kapitel 2

Suppen

Vichyssoise mit Birnen, Sellerie und Stilton

FÜR 4 PERSONEN

25 g (2 EL) Butter
1 Zwiebel, fein gewürfelt
300 g Knollensellerie, geschält und fein gewürfelt
2 reife Birnen, geschält, vom Kerngehäuse befreit und fein gewürfelt
1 l Geflügel- oder Gemüsefond (Rezept S. 16)
750 ml süße Sahne
75 g Stilton, zerkrümelt
2 EL Schnittlauchröllchen
Salz
Frisch gemahlener schwarzer Pfeffer

KÄSEALTERNATIVEN

Shropshire Blue, Dolcelatte, American blue (USA), Österola (Österreich)

Manch einer ist sehr penibel, wenn es um die Zutaten einer Vichyssoise geht. Sie wird zwar traditionell mit Lauch und Tomaten zubereitet, aber auch die folgende Variante ist meines Erachtens einen Versuch wert. Ihr ausgeprägter und doch feiner Geschmack macht diese Suppe zu einem Hochgenuss im Frühherbst. Wie das Original wird auch diese Vichyssoise mit Sahne angereichert und gut gekühlt mit einer Garnitur aus Schnittlauchröllchen serviert.

Die Butter in einem Topf erhitzen und die Zwiebel und den Sellerie darin bei schwacher Hitze 8–10 Minuten sautieren. Die Birnen zugeben und 3–4 Minuten mitdünsten. Den Fond zugießen und zum Kochen bringen, dann die Hitzezufuhr reduzieren und 25 Minuten leise köcheln lassen, bis das Gemüse gar ist. Den Topf von der Kochstelle nehmen, die Sahne und den Blauschimmelkäse unterrühren und anschließend die Suppe im Mixer fein pürieren. Erst abkühlen, dann im Kühlschrank gut durchkühlen lassen.

Vor dem Servieren die Suppe falls nötig mit etwas Milch, Fond oder Sahne verdünnen. Die Schnittlauchröllchen unterrühren und mit Salz und Pfeffer abschmecken.

MEIN TIPP Ich werde oft nach der richtigen Konsistenz von pürierten Suppen gefragt. Erfahrungsgemäß ist es ratsam, folgende Faustregel zu beherzigen: Diese Suppen sollten in etwa die Beschaffenheit von süßer Sahne haben, das heißt so dickflüssig, dass sie am eingetauchten Löffelrücken anhaften.

Erbsen-Brunnenkresse-Suppe mit Emmentaler-Schneeklößchen

FÜR 4 PERSONEN

50 g (4 EL) Butter
50 g Zwiebeln, grob gehackt
1 Stange Lauch, grob gehackt
1 l Geflügelfond (Rezept S. 16)
450 g gepalte frische oder tiefgefrorene Erbsen
2 Bund Brunnenkresse, die harten Stengel entfernt
2 Eiweiß
75 g Emmentaler, frisch gerieben, außerdem zart gehobelte Käseblättchen zum Garnieren
600 ml Milch
150 ml Crème double
Salz
Frisch gemahlener schwarzer Pfeffer

Die luftigen Käse-Schneeklöße schmecken nicht nur fantastisch, sondern sind auch eine hübsche Einlage für diese delikate, würzig scharfe Erbsencremesuppe.

Die Butter in einem schweren Topf zerlassen und die Zwiebel und den Lauch darin bei milder Hitze 4–5 Minuten sautieren. Den Fond zugießen und zum Kochen bringen. Die Erbsen zugeben und leise köcheln, bis sie weich sind. Die Garzeit ist davon abhängig, ob frische oder tiefgefrorene Erbsen verwendet werden. Die Brunnenkresse unterrühren, dann die Suppe im Mixer sehr fein pürieren. Das Püree anschließend durch ein feinmaschiges Sieb passieren.

Das Eiweiß zu steifem Schnee schlagen und behutsam den geriebenen Käse unterziehen. Mit Hilfe von zwei Esslöffeln die Eischneemasse zu kleinen Klößchen formen: Dazu die Masse mit einem nassen Löffel abstechen und mit dem anderen Löffel zu einem ovalen Klößchen formen. Oder aus der Masse 8–12 Bällchen formen. Die Milch in einem großen Topf zum Kochen bringen und die Klößchen darin 3–4 Minuten pochieren, bis sie fest sind. Nach der Hälfte der Garzeit wenden. Die fertigen Schneeklößchen mit einem Schaumlöffel herausnehmen und gründlich abtropfen lassen.

Die Sahne an die Suppe geben und erhitzen, aber nicht zum Kochen bringen, dann mit Salz und Pfeffer abschmecken. Die fertige Suppe in vorgewärmte Suppenschalen füllen, Käse-Schneeklößchen obenauf setzen und mit den Käseblättchen bestreut zu Tisch bringen.

MEIN TIPP Die Schneeklößchen können auch in Wasser pochiert werden, aber sie schmecken aromatischer, wenn sie in Milch garziehen. Die Milch kann nach Belieben für eine Käsesauce weiterverwendet werden.

Erbsen-Brunnenkresse-Suppe mit Emmentaler-Schneeklösschen

Kartoffelsuppe mit Cantal

FÜR 4 PERSONEN

50 g (4 EL) Butter
600 g Kartoffeln, geschält und in 1 cm dicke Scheiben geschnitten
250 g Lauch, nur die weißen Stengel, in dünne Scheiben geschnitten
3 Knoblauchzehen, zerdrückt
600 ml Geflügel- oder Gemüsefond (S. 16)
90 ml Crème double
300 ml Milch, abgekocht und abgeseiht
175 g reifer Cantal, gerieben
Salz
Frisch gemahlener schwarzer Pfeffer

KÄSEALTERNATIVEN

Beaufort, Gruyère, Emmentaler

Cantal ist ein in der Küche sehr vielseitig verwendbarer Käse, der besonders gut an Suppen, Saucen und Gratins schmeckt. Die beste Qualität hat er im Spätsommer, wenn die Milch am fetthaltigsten ist. Diese Kartoffelsuppe lässt sich vortrefflich mit Wintergemüse wie Kohl und Möhren anreichern. Ich serviere zu der Suppe gern Baguette, in dünne Scheiben geschnitten, mit Öl und Knoblauch eingerieben und anschließend getoastet.

Die Butter in einem großen Topf erhitzen, die Kartoffeln mit Lauch und Knoblauch zugeben und im geschlossenen Topf 4–5 Minuten anschwitzen. Den Fond zugießen und zum Kochen bringen. Unreinheiten, Trüb- und Schwebstoffe von Zeit zu Zeit an der Oberfläche abschöpfen, dann die Hitzezufuhr reduzieren und das Gemüse bei milder Hitze bissfest garen. Die Sahne und die Milch zugießen und behutsam erhitzen, dann den geriebenen Käse unterrühren. Die Suppe vom Herd nehmen, mit Salz und Pfeffer abschmecken und sofort servieren.

Zuppa pavese

FÜR 4 PERSONEN

6 frische Eier
8 Scheiben Bauernbrot, je 1 cm dick
100 g Parmesan, gerieben
50 g (4 EL) Butter
1 l Kalbs- oder Rinderfond (Rezept S. 17) oder besser noch Consommé
Salz
Frisch gemahlener schwarzer Pfeffer

Dieser rustikale italienische Suppenklassiker ist sehr nahrhaft und darüber hinaus im Handumdrehen zubereitet. Sie müssen lediglich eine gute, kräftige Brühe über gebratene Brotscheiben gießen und ein Ei hineingleiten lassen, das dann in der heißen Brühe gart. Bei so viel Schlichtheit liegt der Schlüssel des Erfolgs in den allerfeinsten Zutaten: Sie sollten die Suppe nur dann zubereiten, wenn Sie selbst gemachten Fond, erstklassiges Bauernbrot und ganz frische Eier von frei laufenden Hühnern zur Hand haben.

2 Eier von der Gesamtmenge in einer Schüssel verrühren, salzen und pfeffern und dann in eine flache Schale umfüllen. Die Brotscheiben durch das verschlagene Ei ziehen, dann in insgesamt 75 g Parmesan wälzen. Die Butter in einer großen Pfanne erhitzen und die panierten Brotscheiben darin auf beiden Seiten goldbraun braten.

Die gebratenen Brotscheiben auf vier tiefe, feuerfeste Suppenteller verteilen. Den Fond oder die Consommé zum Kochen bringen und über die Brotscheiben gießen, so dass sie völlig bedeckt sind. Je 1 Ei am Tellerrand aufschlagen und auf das Brot gleiten lassen. Die Suppenteller kurz in den heißen Backofen stellen, damit die Eier knapp garen. Dann die Suppe servieren. Zum Bestreuen den restlichen Käse getrennt dazu reichen.

Weißkohl-Austern-Bouillon mit Fourme d'Ambert

FÜR 4 PERSONEN

50 g (4 EL) Butter
200 g Weißkohl, in 2 cm große Würfel geschnitten
1 TL Kreuzkümmel
1 l Gemüse- oder Geflügelfond (Rezept S. 16)
12 frische Austern
50 g Fourme d'Ambert
5 EL Crème double
1 EL Schnittlauchröllchen (nach Belieben)
Salz
Frisch gemahlener schwarzer Pfeffer

KÄSEALTERNATIVEN

Dunsyre Blue oder Cashel Irish Blue

Dieses Rezept stammt noch aus der Zeit, als ich im Inigo Jones im Londoner Covent Garden gearbeitet habe. Auch heute koche und esse ich die Suppe noch genauso gern wie damals. Selbst ohne die Austern ist es ein delikates Süppchen, Feinschmecker verzichten allerdings ungern auf die angenehm salzige und schmackhafte Einlage aus dem Meer.

Die Butter in einem Topf zerlassen, den gewürfelten Kohl zugeben und zugedeckt 5–8 Minuten andünsten. Den Kreuzkümmel einstreuen, den Fond angießen und zum Kochen bringen. Unreinheiten, Trüb- und Schwebstoffe, die an die Oberfläche steigen, regelmäßig abschöpfen und die Bouillon etwa 15 Minuten sanft köcheln lassen, bis der Kohl gar ist.

In der Zwischenzeit die Austern öffnen und das Fleisch entnehmen. Die in den Schalen enthaltene Flüssigkeit, das sogenannte Austernwasser, auffangen (siehe Tipp Seite 30). Das ausgelöste Fleisch halbieren und das Austernwasser durch ein mit Musselin ausgelegtes Sieb abseihen. Beiseite stellen.

Den Edelpilzkäse durch ein feines Sieb streichen und mit der Sahne mischen. Die Käse-Sahne-Mischung in die Bouillon einrühren; abschmecken. Die gesäuberten Austern mit der abgeseihten Flüssigkeit an die Suppe geben, nach Belieben mit Schnittlauchröllchen bestreuen und die Suppe sofort servieren.

MEIN TIPP Nach der Zugabe der Käse-Sahne-Mischung darf die Bouillon auf gar keinen Fall mehr kochen, weil sonst ihr delikates Aroma verloren geht. Falls die salzigen Austern nicht nach Ihrem Geschmack sind, können Sie auch auf Muscheln zurückgreifen: Dazu Miesmuscheln in wenig Wasser kochen, bis sich die Schalen öffnen, dann zusammen mit der abgeseihten Garflüssigkeit an die Suppe geben.

Weiße Bohnensuppe mit Fontina-Gremolata

FÜR 4 PERSONEN

50 g (4 EL) Butter
75 g Zwiebeln, gewürfelt
1 Knoblauchzehe, zerdrückt
200 g Cannellinibohnen, über Nacht eingeweicht und abgetropft
50 g Möhren, gewürfelt
½ rote Chilischote, entkernt und fein gehackt
2 reife Tomaten, gehackt
2 Kardamomkapseln, zerdrückt
1 TL Kreuzkümmel
1,3 l Geflügel- oder Gemüsefond (Rezept S. 16)
Salz
Frisch gemahlener schwarzer Pfeffer

Für die Gremolata

75 g Fontina, sehr fein gerieben
1 EL fein abgeriebene Zitronenschale (von unbehandelten Früchten)
1 EL frische Thymianblättchen
2 Knoblauchzehen, zerdrückt

KÄSEALTERNATIVEN

Raclette, Taleggio oder Port-Salut

Ein echter Magenwärmer ist diese delikat gewürzte Bohnensuppe mit einer Einlage aus zart schmelzenden Käseraspeln und geriebener Zitronenschale. Reichen Sie dazu frisches Brot.

Die Butter bei mittlerer Hitze in einem Topf zerlassen und die Zwiebeln und den Knoblauch darin 4–5 Minuten anbraten. Die Bohnenkerne mit den Möhrenwürfeln, Chili und Tomaten zugeben und zugedeckt bei milder Hitze 5 Minuten garen. Dann die Kardamomkapseln und den Kreuzkümmel unterrühren. Den Fond zugießen und zum Kochen bringen. Nach dem Aufkochen die Hitzezufuhr reduzieren und die Suppe 1–1½ Stunden sanft köcheln lassen, bis die Bohnen weich sind. Den Topfinhalt im Mixer pürieren und anschließend – für eine noch glattere Konsistenz – durch ein feines Sieb streichen. Die Suppe mit Salz und Pfeffer abschmecken und wieder behutsam erhitzen.

Für die Gremolata alle Zutaten in einer Schüssel mischen. Die Suppe in vorgewärmte Suppenschalen füllen, mit der Mischung bestreuen und sofort servieren.

MEIN TIPP Diese Suppe lässt sich mit anderen Hülsenfrüchten, zum Beispiel mit Linsen, prima abwandeln. Manchmal lasse ich die Bohnenkerne auch ganz und serviere sie mit der Gremolata als winterlichen Eintopf.

WEISSE BOHNENSUPPE MIT FONTINA-GREMOLATA

Tomaten-Gazpacho mit gefüllten Tomaten

FÜR 4 PERSONEN

900 g sehr reife Eiertomaten (oder halb Eiertomaten und halb Fleischtomaten)
1 EL Tomatenketchup
1 EL Olivenöl
1 kleine Knoblauchzehe, geschält
1 EL extrafeiner Zucker
150 ml Gemüsefond (Rezept S. 16)
1 Bund frisches Basilikum
2 EL Rotweinessig
2 EL Vermouth dry
Salz
Frisch gemahlener schwarzer Pfeffer

Für die Tomaten mit Käsefüllung

2 Cabécou de Rocamadour oder andere kleine, feste Ziegenkäse
½ Zwiebel, sehr fein gehackt
1 kleiner Zucchino, sehr fein gehackt
1 Eigelb
25 g gemischte frische Kräuter wie Basilikum, Kerbel, Petersilie und Schnittlauch, fein gehackt
2–3 EL frische Weißbrotkrumen
8 reife, aber feste kleine Tomaten
Etwas Olivenöl zum Bestreichen

Der Überraschungseffekt bei diesem Rezept kommt durch den interessanten Kontrast von heiß und kalt zustande. Die gefüllten Tomaten, die direkt aus dem Ofen kommen, werden mit der gut gekühlten Tomatensuppe umgossen, die so herrlich nach Basilikum duftet. Ich liebe das königliche Kraut und mache reichlich davon Gebrauch. Sie können die angegebene Menge selbstverständlich auch reduzieren, wenn Sie es lieber etwas dezenter mögen oder nicht so viel Basilikum vorrätig haben.

Für die Suppe die Tomaten in kochendem Wasser 1 Minute blanchieren, herausnehmen, kurz abtropfen lassen und in Eiswasser abschrecken. Die Tomaten erneut abtropfen lassen und die Haut abziehen. Die Früchte halbieren und mit Tomatenketchup, Olivenöl, Knoblauch, Zucker, Gemüsefond und dem Großteil der Basilikumblätter (8–12 Blätter zum Garnieren der Suppe zurückbehalten) in eine Schüssel geben. Den Essig und den Vermouth zugießen, die Mischung sparsam mit Salz und Pfeffer abschmecken und 1–2 Stunden durchziehen lassen.

Die marinierte Tomatenmischung durch ein feinmaschiges Sieb in eine saubere Schüssel streichen, dabei kräftig pressen, damit möglichst viel Saft austritt (keinen Mixer verwenden, weil sonst die frische rote Farbe der Tomaten verloren geht). Das dünnflüssige Püree eventuell nachwürzen und bis zum Servieren kühlen.

Für die gefüllten Tomaten zunächst den Backofen auf 180 °C vorheizen. Den Ziegenkäse in eine Schüssel geben und mit einer Gabel zerdrücken. Die Zwiebel, die Zucchinistückchen, das Eigelb und die Kräuter unterrühren, dann die Masse mit Brotkrumen etwas binden. Von jeder Tomate einen Deckel abschneiden und zurückbehalten. Die Tomaten vorsichtig mit einem Löffel aushöhlen. Mit der Käsemasse füllen, mit etwas Olivenöl bestreichen und 5 Minuten im Ofen überbacken.

Je zwei gefüllte Tomaten in einen Suppenteller setzen und die Deckel auflegen, dann vorsichtig mit der gut gekühlten Gazpacho umgießen. Mit den zurückbehaltenen Basilikumblättchen garnieren und sofort servieren.

MEIN TIPP Die ideale Suppe für den Spätsommer, wenn reife Tomaten günstig angeboten werden. Ich rate Ihnen dringend, diese köstliche und erfrischende Suppe nur in den Sommermonaten zuzubereiten, da es den Tomaten im Winter an Aroma und Süße mangelt.

TOMATEN-GAZPACHO MIT GEFÜLLTEN TOMATEN

Blumenkohl-Käse-Suppe

FÜR 4 PERSONEN

1 großer Blumenkohl (etwa 750 g)
50 g (4 EL) Butter
1 Zwiebel, in dünne Scheiben geschnitten
1 Stange Lauch, in dünne Scheiben geschnitten
1 l Gemüsefond (Rezept S. 16) oder Wasser
2 Eigelb
4 EL Crème double
75 g Farmhouse Cheddar (aus bäuerlicher Produktion), gerieben
Frisch geriebene Muskatnuss
Salz
Frisch gemahlener schwarzer Pfeffer

KÄSEALTERNATIVEN

Weicher Ziegenkäse oder Blauschimmelkäse

Einer kürzlich durchgeführten Umfrage zufolge ist mit Käse überbackener Blumenkohl das mit Abstand beliebteste Gemüsegericht in Großbritannien. Warum sich also dieser Tatsache verschließen, wenn es doch alle so gern mögen. Wie wäre es zur Abwechslung mal mit einer Blumenkohl-Käse-Suppe?

Die äußeren grünen Blätter vom Blumenkohl abschneiden und den Kopf in Röschen zerteilen. Die Butter in einem schweren Topf erhitzen, die Zwiebel und den Lauch zugeben und zugedeckt bei milder Hitze 2–3 Minuten anschwitzen. Sie sollten nicht bräunen. Die Blumenkohlröschen hinzufügen (sehr kleine Röschen zum Garnieren zurückbehalten) und 4–5 Minuten mitbraten. Den Fond oder das Wasser zugießen, zum Kochen bringen, dann bei reduzierter Hitzezufuhr 20–25 Minuten sanft köcheln lassen, bis der Blumenkohl sehr weich ist. In der Zwischenzeit die zurückbehaltenen Röschen in kochendem Salzwasser bissfest garen. Abtropfen lassen, in kaltem Wasser abschrecken, dann erneut abtropfen lassen und beiseite stellen.

Die Suppe im Mixer fein pürieren, zurück in den Topf geben und kurz aufkochen lassen. In einer Schüssel das Eigelb mit der Sahne und dem Käse verquirlen. Die Mischung mit etwa 6 Esslöffel von der pürierten Suppe verdünnen und dann unter die Suppe im Topf rühren; diese nicht mehr kochen lassen. Mit Muskatnuss, Salz und Pfeffer abschmecken und mit einer Garnitur aus gekochten Blumenkohlröschen zu Tisch bringen.

Kohlrabicremesuppe mit Gorgonzola

FÜR 4 PERSONEN

25 g (2 EL) Butter
2 Kohlrabi, geschält und fein gewürfelt
1 Kartoffel, geschält und fein gewürfelt
1 l Geflügelfond (Rezept S. 16)
100 ml Milch
100 ml Crème double
75 g Gorgonzola, zerkrümelt
Salz
Frisch gemahlener schwarzer Pfeffer

KÄSEALTERNATIVEN

Fourme d'Ambert, Gippsland Blue (Aust.)

Kohlrabi ist ein unverwechselbares und meiner Ansicht nach vielfach unterschätztes Gemüse. Er sieht aus wie eine Rübe, gehört aber ganz eindeutig in die Kohlfamilie. Sein milder Geschmack harmoniert gut mit dem würzigen Gorgonzola. Statt Kohlrabi können Sie auch Bataten (Süßkartoffeln), weiße Rüben oder Blumenkohl verwenden.

Die Butter in einem Topf zerlassen und die Kohlrabi- und Kartoffelwürfel darin bei milder Hitze 2–3 Minuten sautieren. Den Fond zugießen und zum Kochen bringen, dann bei reduzierter Hitze 20–25 Minuten sanft köcheln lassen, bis das Gemüse butterweich ist. Die Suppe im Mixer fein pürieren, wieder in den Topf geben, die Milch und die Sahne zugießen und erneut zum Kochen bringen. Die Suppe von der Kochstelle nehmen und den Käse einstreuen. Mit Salz und Pfeffer abschmecken und sofort servieren.

Hummer-Bisque mit Farmhouse Cheddar

FÜR 4 PERSONEN

1 gekochter Hummer (etwa 750 g)
75 g (6 EL) Butter
½ Zwiebel, grob gehackt
1 Stange Sellerie, grob gehackt
1 Möhre, grob gehackt
2 Knoblauchzehen, zerdrückt
2 EL Tomatenmark
4–5 EL Cognac
150 ml trockener Weißwein
1 EL frische Estragonblättchen, außerdem einige Zweige zum Garnieren
75 g Weizenmehl
1 l Geflügelfond (Rezept S. 16)
150 ml Crème double
75 g Farmhouse Cheddar, gerieben
Cayennepfeffer
Salz
Frisch gemahlener schwarzer Pfeffer

KÄSEALTERNATIVEN

Mimolette, Fontal, Gruyère

Ein exzellenter unpasteurisierter Farmhouse Cheddar ist der Gospel Green aus der südostenglischen Grafschaft Surrey. Es lohnt sich, nach dieser Käsespezialität zu suchen. Selbstverständlich können Sie auch einen anderen Cheddar aus bäuerlicher Produktion für dieses Rezept verwenden.

Zunächst den Hummer vorbereiten: Dazu mit einem großen Messer den Körper der Länge nach vom Rumpf bis zum Schwanzende hin durchschneiden. Das Messer herausziehen, den Hummer drehen und den Kopf auf die gleiche Weise durchtrennen. Den Magensack und den Darm entfernen und wegwerfen, dann das Hummerfleisch aus dem Kopf und Schwanz heben. Die Scheren an zwei oder drei Stellen mit einem schweren Messer anschlagen, auseinander brechen und das Fleisch vorsichtig auslösen. Die Hummerkarkasse in eine Schüssel geben und mit einem kleinen Fleischklopfer zertrümmern. Auf diese Weise werden die Aromastoffe beim anschließenden Kochen optimal freigesetzt.

Die Butter in einem schweren Topf zerlassen und die zerkleinerte Hummerkarkasse darin 4–5 Minuten anbraten, bis sie anfängt zu bräunen. Das Gemüse und den Knoblauch zugeben und 5 Minuten mitbraten, bis sie weich sind. Das Tomatenmark unterrühren, dann den Cognac und den Weißwein zugießen, die Estragonblättchen zugeben und 5 Minuten garen. Das Mehl vorsichtig einstreuen und weitere 5 Minuten garen. Den Geflügelfond zugießen, zum Kochen bringen und die Flüssigkeit regelmäßig abschäumen, um Unreinheiten, Trüb- und Schwebstoffe zu entfernen. Dann bei reduzierter Hitzezufuhr die Bisque 30–40 Minuten köcheln lassen.

In der Zwischenzeit das Hummerfleisch würfeln und beiseite stellen. Die Sahne in einem separaten Topf aufkochen lassen und vom Herd nehmen. Den Käse unterrühren, bis er geschmolzen ist, dann beiseite stellen.

Die Suppe im Mixer pürieren, bis der Hummerpanzer ziemlich fein vermahlen ist, dann das Püree durch ein sehr feines Spitzsieb streichen und die Sahne mit dem geschmolzenen Käse unter die Suppe rühren. Die Bisque mit Cayennepfeffer, Salz und Pfeffer abschmecken, dann in vorgewärmte Suppenschalen füllen. Mit dem gewürfelten Hummerfleisch und Estragonzweigen garnieren, mit einem Hauch Cayennepfeffer bestäuben und sofort servieren.

MEIN TIPP Zum Andicken der Suppe kann auch Reis verwendet werden. Wichtig ist, dass der Fond nicht länger als 40 Minuten kocht, sonst büßt er nämlich an Aroma ein und wird bitter. Wenn Sie statt Hummer Taschenkrebse nehmen, kochen Sie die Taschenkrebse je nach Größe 12–15 Minuten.

HUMMER-BISQUE MIT FARMHOUSE CHEDDAR

Italienische Brotsuppe mit Pecorino

FÜR 4 PERSONEN

1 l Geflügelfond (Rezept S. 16)
5 EL Olivenöl
2 Knoblauchzehen, zerdrückt
275 g Kartoffeln, geschält und fein gewürfelt
4 dicke Scheiben italienisches Landbrot, gewürfelt
8 EL geriebener Pecorino
1 EL grob gehackter frischer Majoran
¼ TL abgeriebene Zitronenschale (von unbehandelten Früchten)
Salz
Zerstoßener schwarzer Pfeffer (siehe Tipp Seite 146)

Wie die »Zuppa pavese« (Rezept siehe Seite 54) ist dies eine italienische Suppe nach Bauernart. Ich mag ihre Schlichtheit. Außer ein paar Grundzutaten erfordert sie nur ein wenig Sorgfalt bei der Zubereitung. Auch Reste vom Vortag lassen sich verwerten, nur beim Fond sollten Sie auf beste Qualität achten. Erstklassiges Olivenöl ist ebenfalls ein Muss, und vergessen Sie auf gar keinen Fall die Zitronenschale. Zitrone ist der Kick für diesen deftigen Eintopf.

Den Fond unter Zugabe von 4 Esslöffel Olivenöl zum Kochen bringen, den Knoblauch und die Kartoffeln zugeben und erneut aufkochen lassen. Die Brotwürfel hinzufügen und die Suppe 20–25 Minuten sanft köcheln lassen, bis die Kartoffeln weich sind.

Den Topf von der Kochstelle nehmen und den Pecorino, den Majoran und die abgeriebene Zitronenschale unterrühren. Mit wenig Salz und frisch zerstoßenem schwarzem Pfeffer abschmecken. Die Suppe mit dem restlichen Olivenöl beträufeln und sofort zu Tisch bringen.

Französische Zwiebelsuppe mit Bier und Camembert

FÜR 4 PERSONEN

75 g (6 EL) Butter
300 g Zwiebeln, in dünne Scheiben geschnitten
½ TL Zucker
1 EL Weizenmehl
1 TL Tomatenmark
100 ml helles Bier
1 l Kalbs- oder Rinderfond (Rezept S. 17)
1 kleines, dünnes Stangenweißbrot oder 2 knusprige Brötchen, in dünne Scheiben geschnitten und getoastet
100 g Camembert, entrindet und in dünne Scheiben geschnitten
Salz
Frisch gemahlener schwarzer Pfeffer

KÄSEALTERNATIVEN

Carré de l'Est, Gruyère, Emmentaler

Für diese Variante des französischen Suppenklassikers werden der sonst übliche Weißwein und der Gruyère durch typische Zutaten der Normandie ersetzt: Bier und Camembert. Nicht minder köstlich ist die Zwiebelsuppe, wenn Sie anstelle von Camembert einen Carré de l'Est verwenden, der mild und mit zunehmender Reife würzig schmeckt. Sie können natürlich auch geriebenen Gruyère oder Emmentaler nehmen, wenn Sie die originale Zutat bevorzugen.

Die Butter in einem schweren Topf zerlassen und die Zwiebeln mit dem Zucker darin bei mittlerer Hitze mindestens 20 Minuten braten, bis sie sehr weich, goldgelb und karamellisiert sind. Das Mehl und das Tomatenmark unterrühren und 2 Minuten mitgaren. Das Bier angießen, zum Kochen bringen und nach 1 Minute den Fond zugießen. Bei reduzierter Hitzezufuhr 15–20 Minuten sanft köcheln lassen, dann mit Salz und Pfeffer abschmecken.

Die Zwiebelsuppe in vier feuerfeste Suppentassen oder eine große Terrine füllen und mit den getoasteten Brotscheiben belegen. Die Käsescheiben darauf verteilen. Die Suppentassen (oder die Terrine) unter den heißen Grill (oder in den heißen Backofen) stellen, damit der Käse eine schöne braune Kruste bekommt.

Die Zwiebelsuppe so heiß wie möglich servieren.

Safran-Gemüse-Eintopf mit Ziegenkäse-Koriander-Pesto

FÜR 4 PERSONEN

3 EL Olivenöl
1 Knoblauchzehe, zerdrückt
Je 1 Lauchstange, Möhre, Selleriestange, Zucchino, Kartoffel, in 5 mm große Würfel geschnitten
1 l Gemüse- oder Geflügelfond (Rezept S. 16)
1 Prise Safranfäden
2 Tomaten, enthäutet, entkernt und in 5 mm große Würfel geschnitten
2 EL Ziegenkäse-Koriander-Pesto (Rezept S. 20)
125 ml Milch
Salz
Frisch gemahlener schwarzer Pfeffer

Diese wohlschmeckende eintopfartige Gemüsesuppe duftet herrlich nach Safran und Koriander. Safran ist heute überall erhältlich, und die Importe aus Spanien und dem Mittleren Osten nehmen weiter zu. Gewiss, Safran ist ein teures Gewürz, aber es gibt keinen Ersatz, insbesondere für diesen Eintopf ist er unentbehrlich. Gemahlener Safran ist preiswerter als Safranfäden, kann aber in Bezug auf Qualität und Aroma bei weitem nicht mithalten. Kaufen Sie deshalb nur beste Ware.

Das Olivenöl mit dem Knoblauch in einem schweren Topf erhitzen. Dann das vorbereitete Gemüse zugeben und 2 Minuten bei milder Hitze sautieren.

Den Fond zusammen mit dem Safran zugeben und zum Kochen bringen. Die Hitzezufuhr reduzieren und die Suppe 20–25 Minuten sanft köcheln lassen, bis das Gemüse gar ist. Die Tomaten und den Pesto unterrühren, dann die Milch zugießen. Den Eintopf mit Salz und Pfeffer abschmecken und sofort servieren.

MEIN TIPP Zur Abwechslung kann man auch den Ziegenkäse-Koriander-Pesto durch frische Kräuter wie Koriandergrün, Petersilie, Kerbel, Basilikum oder Schnittlauch ersetzen.

Kapitel 3

Salate

Tomatensalat mit Ziegenmilch-Dressing

FÜR 4 PERSONEN

8 große reife, aber noch feste Eiertomaten, in 5 mm dünne Scheiben geschnitten
75 g Ziegenkäse, zum Beispiel Roubiliac oder Meusnois
90 ml Ziegenmilch
2 EL griechischer Joghurt
1 EL gehacktes frisches Basilikum
1 EL gehackter frischer Oregano
½ EL gehacktes Koriandergrün
Salz
Frisch gemahlener schwarzer Pfeffer

Einfacher lässt sich Tomatensalat nicht zubereiten, mit einem sahnigen Dressing aus Ziegenkäse und Ziegenmilch als Krönung. Reichen Sie diesen Salat als Beilage oder zusammen mit anderen Salaten bei einem Picknick.

Die Tomatenscheiben fächerförmig in einer flachen Servierschale auslegen. Mit Salz und Pfeffer bestreuen. Die restlichen Zutaten mit einem Schneebesen verschlagen und über die Tomaten gießen. Gut gekühlt servieren.

MEIN TIPP Falls Sie keine Ziegenmilch bekommen, tut es auch Kuhmilch. Ich persönlich sehe keinen Sinn darin, die Tomaten für diesen Salat zu häuten, vor allem im Sommer, wenn die Früchte, von der Sonne verwöhnt, auf dem Höhepunkt ihrer Reife sind. Das Häuten ist natürlich eine Frage des Geschmacks. Manch einer blanchiert die Tomaten kurz, um dann die Haut abzuziehen. Die im Rezept aufgeführten Kräuter können sehr gut gegen Schnittlauch, Petersilie oder Kerbel ausgetauscht werden – nur frisch müssen sie sein.

Salat von gegrilltem Lauch, roten Zwiebeln und geräuchertem Mozzarella mit Estragon-Vinaigrette

FÜR 4 PERSONEN

1 Prise Zucker
24 Stangen junger Lauch, geputzt
2 rote Zwiebeln, in Spalten geschnitten
1 geräucherter Mozzarella, in 8 dünne Scheiben geschnitten
Salz
Frisch gemahlener schwarzer Pfeffer

Für die Vinaigrette

3 EL Estragon- oder Champagneressig
1 TL Dijonsenf
1 EL gehackte frische Estragonblättchen
135 ml natives Olivenöl extra
1 Tomate, entkernt und fein gewürfelt
1 EL Kapern *nonpareilles*, abgespült und abgetropft
1 EL grüne Oliven, entsteint und fein gehackt
1 hart gekochtes Ei, geschält und gehackt

KÄSEALTERNATIVEN

Mozzarella aus Büffelmilch oder ein Ziegenkäse, zum Beispiel ein grob geriebener Crottin de Chavignol

Ich liebe den angenehmen Rauchgeschmack, durch den dieser Salat besticht. Die säuerliche Vinaigrette passt ausgezeichnet zum gegrillten und leicht angekohlten Lauch. Das Gemüse sollte nach Möglichkeit auf einem Holzkohlegrill zubereitet werden.

Einen großen Topf Wasser mit wenig Salz und einer Prise Zucker zum Kochen bringen. Die Lauchstangen hineingeben, die Flüssigkeit erneut aufkochen lassen, die Hitze reduzieren und das Gemüse 2–3 Minuten bei milder Hitze kochen. Die Lauchstangen gründlich abtropfen lassen und mit einem sauberen Geschirrtuch trockentupfen.

Für die Vinaigrette den Essig mit Senf und Estragon in einer Schüssel verrühren, dann das Olivenöl mit einem Schneebesen unterschlagen. Die restlichen Zutaten unterrühren und die Vinaigrette mit Salz und Pfeffer abschmecken.

Den blanchierten Lauch und die Zwiebelspalten grillen – das beste Aroma entwickeln sie auf einem Holzkohlegrill oder in einer gusseisernen Pfanne mit Grillbratfläche. Anderenfalls das Gemüse unter den vorgeheizten Grill schieben. Das Gemüse von der Hitzequelle nehmen, sobald es leicht angekohlt ist, und mit Salz und Pfeffer würzen.

Lauch und Zwiebeln durch die Vinaigrette ziehen und gegebenenfalls nachwürzen. Das Gemüse auf vier Servierteller verteilen, jede Portion mit zwei Scheiben Mozzarella belegen und servieren.

MEIN TIPP Geräucherter Mozzarella ist nicht gerade ein Standardkäse, meines Erachtens aber eine der köstlichsten Käsesorten, die geräuchert auf den Markt kommen. Es lohnt sich auf jeden Fall, die Käsetheken danach zu durchforsten. Falls Sie nicht fündig werden, nehmen Sie frischen, mild schmeckenden Mozzarella.

SALAT VON GEGRILLTEM LAUCH, ROTEN ZWIEBELN UND GERÄUCHERTEM MOZZARELLA MIT ESTRAGON-VINAIGRETTE

Warmer Linsensalat mit gegrilltem Ziegenkäse auf Anchovistoast

FÜR 4 PERSONEN

200 g kleine grüne Linsen
1 Zwiebel, fein gehackt
1 TL Kreuzkümmel
4 EL Olivenöl
2 EL Balsamessig oder Weißweinessig
1 Schalotte, fein gehackt

Für die Toasts

6 in Salz eingelegte Anchovis (Sardellen), abgespült und trockengetupft
1 Eigelb
5 EL Olivenöl
4 Scheiben französisches Weißbrot (je 1,5 cm dick)
4 Crottins de Chavignol, längs halbiert
1 EL frischer Thymian oder Rosmarin
1 EL grob gemahlene schwarze Pfefferkörner

KÄSEALTERNATIVE

4 Capricorn, längs halbiert

In Feinschmeckerkreisen ist man sich einig, dass die dunkelgrünen blau-marmorierten Linsen aus der Gegend um Puy (Frankreich) das beste Aroma haben und deshalb stets anderen Sorten vorgezogen werden sollten. Erst kürzlich wurde ihnen vom französischen Staat die Qualitätsstufe »Appellation d'origine contrôlée« zugeteilt. Das ist eine kontrollierte Herkunftsbezeichnung wie für edlen Wein oder Käse, die besagt, dass nur Linsen aus einem streng begrenzten geografischen Gebiet in Frankreich, der Gegend um Puy-en-Vélay im Département Haute-Loire, als Puy-Linsen verkauft werden dürfen. Keine Sorge, wenn Sie nicht das Original bekommen. Auch Cannellinibohnen sind ein willkommener Ersatz für die Linsen in diesem köstlichen Wintersalat.

Die Linsen in einen Topf geben und, mit kaltem Wasser bedeckt, zum Kochen bringen, währenddessen Unreinheiten, Trüb- und Schwebstoffe, die an die Oberfläche steigen, regelmäßig abschöpfen. Die Zwiebel und den Kreuzkümmel zugeben und 30–40 Minuten sanft köcheln lassen, bis die Linsen so eben gar sind. Die Linsen abtropfen lassen und mit dem Olivenöl, dem Essig und der Schalotte mischen. Warm halten.

Für die Toasts die Anchovis und das Eigelb im Mörser zu einer glatten Paste verarbeiten, dann nach und nach das Olivenöl einarbeiten, bis ein dickes Püree entsteht. Die Weißbrotscheiben toasten und mit der Anchovispaste bestreichen, dann jede Scheibe mit zwei Scheiben Ziegenkäse belegen. Die Toasts mit Thymian oder Rosmarin sowie schwarzem Pfeffer bestreuen und unter dem heißen Grill leicht bräunen. Die noch warmen Linsen auf Servierteller verteilen, je einen Toast darauf setzen und sofort servieren.

MEIN TIPP Die geringen Mengen an Zutaten für die Anchovispaste machen den Einsatz eines Mörsers unbedingt erforderlich. Wenn Sie jedoch die Mengen verdoppeln, können Sie die Paste auch im Mixer zubereiten. Für den verbleibenden Rest werden Sie sicher Verwendung finden. Am besten im Kühlschrank aufbewahren und bei Bedarf unter Pasta mischen oder auf Sandwiches streichen.

Warmer Linsensalat mit gegrilltem Ziegenkäse auf Anchovistoast

Spinat-Avocado-Salat mit Blauschimmelkäse und Kürbiskernen

FÜR 4 PERSONEN

350 g junger Blattspinat, gewaschen
100 g Champignons, feinblättrig geschnitten
2 hart gekochte Eier, gehackt
75 g Blauschimmelkäse, in 1 cm große Würfel geschnitten
1 Knoblauchzehe, zerdrückt
200 g Sahnequark
1 TL milder Dijonsenf
1 TL Zitronensaft
1 Avocado, geschält, entsteint und in 1 cm große Würfel geschnitten
12 Scheiben französisches Stangenweißbrot, getoastet
50 g Kürbiskerne, geröstet
Salz
Frisch gemahlener schwarzer Pfeffer

Die Kombination von Spinat und Blauschimmelkäse finde ich persönlich phänomenal. Jede Art von Blaukäse ist für diesen erfrischenden Salat geeignet, der zum Servieren mit gerösteten Kürbiskernen bestreut wird. Nehmen Sie einfach Ihren Lieblingsblauschimmelkäse.

Den Blattspinat mit den Champignons, den hart gekochten Eiern und dem Blauschimmelkäse in eine Salatschüssel geben. Aus Knoblauch, Sahnequark, Senf und Zitronensaft ein Dressing rühren und unter den Salat mischen. Mit Salz und Pfeffer abschmecken.

Den angemachten Salat auf Serviertellern anrichten, die Avocadowürfel und die getoasteten Weißbrotscheiben darauf verteilen und mit den gerösteten Kürbiskernen bestreuen. Sofort servieren.

MEIN TIPP Dieser Salat lässt sich auch gut mit Lauch, Artischocken oder Spargel zubereiten. Zur Abwechslung können Sie auch mal Sonnenblumenkerne statt Kürbiskerne probieren.

Salat von eingelegten Heringen, Jarlsberg, Kartoffeln und Dill

FÜR 4 PERSONEN

500 g eingelegte Heringe (Salzheringe)
400 g kleine, fest kochende Kartoffeln
1 rote Zwiebel, fein gehackt
2 EL Weißweinessig
6 EL Olivenöl
1 EL Crème fraîche
2 EL gehackter frischer Dill
1 EL süßer Senf
150 g Jarlsberg
Salz
Frisch gemahlener schwarzer Pfeffer

KÄSEALTERNATIVEN

Emmentaler, Havarti, Tilsiter

Viele sehen im Jarlsberg eine Kopie des berühmten Schweizer Emmentalers. Ich persönlich glaube, dass dieser Käse ein feineres Aroma hat und nicht so nussartig nachschmeckt. Der Jarlsberg ist ein Glanzstück der Käseherstellung, auf das die Norweger zu Recht stolz sein dürfen, und er verdient es, weit über die Landesgrenzen hinaus bekannt und häufiger verwendet zu werden.

Die Salzheringe unter fließendem Wasser kurz abspülen und trockentupfen; in mundgerechte Stücke schneiden. Den Käse stifteln. Die Kartoffeln in Salzwasser bissfest kochen, dann abtropfen und auf Handwärme abkühlen lassen. Anschließend schälen und halbieren. Die Kartoffeln in eine Schüssel geben und mit den Heringsstückchen und der Zwiebel mischen.

Aus Essig, Öl, Crème fraîche, Dill und Senf ein Dressing anrühren. Das Dressing über den Salat geben und vorsichtig untermischen, dann mit Salz und Pfeffer abschmecken. Den Salat in eine Servierschüssel umfüllen, mit den Käsestiften bestreuen und servieren.

Rotkohlsalat mit Roquefort und Walnuss-Vinaigrette

FÜR 4 PERSONEN

¼ Rotkohl, der harte Strunk entfernt und in feine Streifen geschnitten
4 EL Rotweinessig
50 g extrafeiner Zucker
600 ml Wasser
100 g durchwachsener Speck, in 2 cm große Würfel geschnitten
2 Scheiben Weißbrot, in 1 cm große Würfel geschnitten
1 Knoblauchzehe, zerdrückt
2 Chicoréekolben
1 kleiner Radicchio
150 g Roquefort, zerkrümelt
Salz
Frisch gemahlener schwarzer Pfeffer

Für die Vinaigrette

4 EL Rotweinessig
1 TL Dijonsenf
4 EL Walnussöl
4 EL Olivenöl
2 EL Walnüsse, geröstet (siehe Tipp) und grob zerkleinert

KÄSEALTERNATIVE

Jedweder Blauschimmelkäse

Diesen appetitlichen Salat esse ich für mein Leben gern, und so findet sich stets ein Plätzchen dafür auf meiner Speisekarte in den Wintermonaten. Der knackige Rotkohl und die gerösteten Walnüsse gehen mit dem pikant-salzigen Roquefort eine überaus gelungene Verbindung ein. Falls Sie keinen Roquefort zur Hand haben, können Sie auch jeden anderen Blauschimmelkäse verwenden, aber meiner Ansicht nach sind die eher würzigen bis kräftigen Sorten wie Gorgonzola besser geeignet.

Den Rotkohl in eine Schüssel geben. Den Essig aufkochen lassen, den Zucker darin auflösen und die Essiglösung über die Kohlstreifen gießen und gründlich verrühren. Das Wasser zum Kochen bringen und ebenfalls über den Rotkohl gießen. Den Kohl 5 Minuten ziehen lassen, dann in einem Durchschlag abtropfen und abkühlen lassen.

Eine Bratpfanne stark erhitzen und die Speckwürfel darin knusprig ausbraten. Die Brotwürfel dazugeben und goldbraun braten, dann den Knoblauch zugeben und 1 Minute mitbraten. Die Pfanne von der Kochstelle nehmen. Den Rotkohl mit den Chicorée- und Radicchioblättern in eine Salatschüssel füllen und mit den Speckwürfeln, den Croûtons und dem zerkrümelten Blauschimmelkäse bestreuen.

Die Zutaten für die Vinaigrette verrühren und über den Salat gießen. Behutsam vermischen, mit Salz und Pfeffer abschmecken und servieren.

MEIN TIPP Zum Rösten die Nüsse mit etwas Öl mischen, leicht salzen und pfeffern, dann auf einem Backblech ausbreiten und im vorgeheizten Backofen bei 180 °C 4–5 Minuten bräunen. Vor der weiteren Verwendung abkühlen lassen. Ich habe übrigens den Rotkohl mal bei passender Gelegenheit durch fein geraspelte Rote Bete ersetzt und auf diese Weise einen köstlichen Sommersalat kreiert.

Krebs-Spargel-Salat mit Zitronen-Parmesan-Vinaigrette

FÜR 4 PERSONEN

12 Stangen grüner Spargel, die unteren Enden abgeschnitten
2 Chicoréekolben
2 Avocados, geschält, entsteint und in Scheiben geschnitten
2 Möhren, in Stifte geschnitten
300 g frisches weißes Fleisch vom Taschenkrebs, ersatzweise Garnelenfleisch
Parmesanspäne zum Garnieren
Salz
Frisch gemahlener schwarzer Pfeffer

Für die Vinaigrette

1 EL Dijonsenf
1 kleines Eigelb
1 TL Zitronensaft
Fein abgeriebene Schale von $\frac{1}{4}$ unbehandelten Zitrone
1 EL Champagner- oder Weißweinessig
5 EL natives Olivenöl extra
$1\frac{1}{2}$ EL frisch geriebener Parmesan

Als ich vor vielen Jahren in Westengland arbeitete, lernte ich auch die dortigen ganz frischen regionalen Erzeugnisse kennen und lieben. Wenn Sie zum Beispiel frisches Taschenkrebsfleisch für diesen Salat auftreiben können, werden Sie feststellen, dass es unvergleichlich gut schmeckt. Der Salat eignet sich ausgezeichnet als Vorspeise für ein frühsommerliches Menü.

Den vorbereiteten Spargel in kochendem Salzwasser 3–4 Minuten bissfest garen. Abtropfen lassen und in kaltem Wasser abschrecken, dann gründlich trockentupfen, nebeneinander legen und längs halbieren.

Für das Dressing den Senf mit dem Eigelb, dem Saft und der abgeriebenen Schale der Zitrone sowie dem Essig verrühren, dann das Olivenöl mit einem Schneebesen unterschlagen. Den geriebenen Parmesan zugeben und die Vinaigrette mit Salz und Pfeffer abschmecken.

Die Chicoréeblätter vorsichtig voneinander lösen, waschen und trockentupfen, dann in einer Salatschüssel oder auf Serviertellern dekorativ anrichten. In einer separaten Schüssel Spargel, Avocados, Möhren und Krebsfleisch behutsam mit der Vinaigrette mischen und bei Bedarf nachwürzen. Die Salatmischung auf den Chicoréeblättern verteilen, mit etwas grobem schwarzem Pfeffer würzen (siehe Tipp Seite 146) und mit den Parmesanspänen bestreuen. Sofort servieren.

MEIN TIPP Vegetarier können das Krebsfleisch weglassen und dafür mehr Gemüse nehmen. Artischockenherzen passen übrigens sehr gut zu diesem Gericht.

KREBS-SPARGEL-SALAT MIT ZITRONEN-PARMESAN-VINAIGRETTE

Süßsaurer Orangensalat mit Feta und Oliven

FÜR 4 PERSONEN

4 Orangen, vorzugsweise Navelorangen
90 ml Weißweinessig
3 EL extrafeiner Zucker
1 rote Chilischote, entkernt und in feine Ringe geschnitten
90 ml Olivenöl
2 EL schwarze Oliven, entsteint
175 g Feta, in 1 cm große Würfel geschnitten
1 EL gehackter frischer Oregano oder die entsprechende Menge Petersilie
Blätter von jungem Spinat oder Rucola zum Garnieren (nach Belieben)
Salz
Frisch gemahlener schwarzer Pfeffer

KÄSEALTERNATIVEN

Halloumi oder ein fester Ziegenkäse

Für diesen erfrischenden Salat werden die Orangen über Nacht in eine Marinade aus Essig, Zucker und Chili eingelegt, wodurch sie ein delikates süßsaures Aroma erhalten. Feta ist ein oft kopierter Lake-Käse, der folglich in unterschiedlichen Qualitäten und Varianten angeboten wird. Besorgen Sie sich nach Möglichkeit echten griechischen Feta, der traditionell aus 30 % Ziegenmilch und 70 % Schafmilch hergestellt wird.

Die Orangen schälen und die weiße Innenhaut völlig entfernen. Die geschälten Früchte in 5 mm dünne Scheiben schneiden. Eventuell vorhandene Kerne entfernen und die Orangenscheiben in ein flache Schale geben. Den Essig mit dem Zucker 2–3 Minuten kochen, dann die Chiliringe zugeben und die heiße Essig-Zucker-Lösung über die Orangenscheiben gießen. Zugedeckt über Nacht stehen lassen.

Am nächsten Tag die Orangenscheiben herausnehmen und abtropfen lassen. Allen Saft auffangen und wieder zur Marinade geben. Das Olivenöl mit einem Schneebesen unter die Marinade rühren und dieses Dressing mit Salz und Pfeffer abschmecken. Die Orangenscheiben in einer Servierschüssel anrichten. Die Oliven, den Käse und Oregano beziehungsweise Petersilie durch das Dressing ziehen und auf den Orangenscheiben anrichten. Mit grobem Pfeffer bestreuen (siehe Tipp Seite 146), mit Blattspinat oder Rucola, falls verwendet, garnieren und servieren.

MEIN TIPP Sie können den Lake-Käse auch vor der Verwendung einige Stunden in warmem Wasser oder in Milch einlegen. Das mildert seinen zuweilen ausgeprägt salzigen Geschmack.

SÜSSSAURER ORANGENSALAT MIT FETA UND OLIVEN

Rot-weiß-grüner Radicchio mit Blaukäse-Joghurt-Dressing

FÜR 4 PERSONEN

2 Köpfe Radicchio
300 g kleine Champignons, in feine Scheiben geschnitten
1 Bund frischer Schnittlauch
Salz
Frisch gemahlener schwarzer Pfeffer

Für das Dressing

50 g Roquefort
1 EL Champagneressig
5 EL Crème fraîche
3 EL griechischer Joghurt
Saft von ½ Zitrone
Frisch geriebene Muskatnuss
1 EL Schnittlauchröllchen

KÄSEALTERNATIVEN

Dolcelatte oder Cambozola

Radicchio ist ein angenehm bitterer Blattsalat, der meines Erachtens einen starken Begleiter als Kontrast benötigt, und den findet er in dem Dressing aus Blauschimmelkäse und Joghurt. Durch die Zugabe von gehackten hart gekochten Eiern, Kartoffeln und Prinzessbohnen wird aus diesem Salat ein Hauptgericht.

Zunächst das Dressing zubereiten: Den Roquefort in eine Schüssel geben und mit einer Gabel zerdrücken. Den Essig unterrühren, dann behutsam die Crème fraîche und den Joghurt unterschlagen. Den Zitronensaft unterrühren und das Dressing mit Muskat, Salz und Pfeffer abschmecken. Zuletzt den Schnittlauch unterheben.

Die Salatblätter voneinander lösen, waschen und gründlich trockenschleudern. In eine Schüssel geben, die in Scheiben geschnittenen Pilze darauf verteilen und leicht salzen und pfeffern. Das Käse-Joghurt-Dressing zugeben und gleichmäßig verteilen, dann nochmals mit Salz und Pfeffer abschmecken. Den Salat auf Serviertellern anrichten, den Schnittlauch in Röllchen von 1 cm Länge schneiden und darüber streuen. Sofort servieren.

MEIN TIPP Wenn Sie das Dressing nicht so sauer mögen, rühren Sie einfach 1 Esslöffel angewärmten Honig, Ahornsirup oder Zucker darunter. Etwas abgeriebene Orangenschale passt auch sehr gut dazu. Da der ursprünglich aus Belgien stammende Chicorée im Geschmack ebenfalls bitter ist, lässt er sich gut gegen den Radicchio austauschen.

Insalata di Fontina

FÜR 4 PERSONEN

250 g Frühkartoffeln
50 g Prosciutto (luftgetrockneter Schinken), in Streifen geschnitten
100 g Fontina, in Stäbchen geschnitten
50 g Mortadella, in Stäbchen geschnitten
6 eingelegte Gürkchen, längs geviertelt
1 rote Zwiebel, in feine Scheiben geschnitten
Salz
Frisch gemahlener schwarzer Pfeffer

Für das Dressing

1 EL gehackter frischer Oregano
¼ TL Dijonsenf
2 eingelegte Anchovisfilets
2 EL Weißweinessig
6 EL Olivenöl

KÄSEALTERNATIVEN

Gruyère, Emmentaler, Port-Salut oder Tête de Moine

Dieser herzhafte Kartoffelsalat mit Käse und Schinken ist so reichhaltig, dass er gut und gerne als Hauptgericht serviert werden kann. Salate mit Käse und Fleisch sind vor allem in Nordeuropa sehr verbreitet. Das folgende Rezept ist eine Kreation mit italienischen Zutaten, die ich bereits als junger Küchenchef in meine Sammlung aufgenommen habe und die noch immer zu meinen Lieblingssalaten zählt. Das Originalrezept sieht gehobelten Tête de Moine (»Mönchskopf«) vor, einen sehr schmackhaften Käse aus der Schweiz, der relativ teuer und manchmal schwer zu beschaffen ist. Es lohnt sich aber allemal, in einem guten Käsefachgeschäft danach zu fragen. Fontina ist ein annehmbarer Ersatz und fast überall erhältlich.

Für das Dressing den Oregano und den Senf in einem Schälchen verrühren. Die salzigen Sardellenfilets unter fließendem kaltem Wasser abspülen und abtropfen lassen. Mit Küchenpapier trockentupfen und fein hacken. Unter den Senf rühren, den Essig zugießen und alles gründlich mischen. Das Olivenöl unterschlagen, bis eine sämige Sauce entsteht. Mit Salz und Pfeffer abschmecken und beiseite stellen.

Die Kartoffeln in Salzwasser aufsetzen und in etwa 20 Minuten bissfest kochen, dann abgießen und vor dem Schälen leicht abkühlen lassen. Die geschälten Kartoffeln in 5 mm dünne Scheiben schneiden und in eine große Schüssel geben. Die noch warmen Kartoffeln mit dem Dressing übergießen und 20 Minuten durchziehen lassen.

Die restlichen Zutaten vorsichtig unterheben. Den Salat eventuell nachwürzen und servieren.

Gegrilltes Lammfilet auf Salat mit warmem Blaukäse-Minze-Dressing

FÜR 4 PERSONEN

4 Lammfilets (je etwa 75 g)
100 g Prinzessbohnen
8–12 dünne Scheiben von einem kleinen französischen Stangenweißbrot
Olivenöl zum Bestreichen
Je 1 Hand voll Frisée und Blattspinat
2 Tomaten, enthäutet, entkernt und in Streifen geschnitten
65 g kleine Champignons, feinblättrig geschnitten
50 g Danablu, gewürfelt
Salz
frisch gemahlener schwarzer Pfeffer

Für das Dressing

4 EL Crème double
1 EL klarer Honig
50 g Danablu, zerkrümelt
1 EL Sherryessig
2 EL Olivenöl
1 EL gehackte frische Minze
2 EL heißes Wasser

KÄSEALTERNATIVEN

Fourme d'Ambert, Bleu d'Auvergne, Lanark Blue

Lamm und Minze ist eine allseits bekannte Kombination, die ich für dieses Rezept weiter ausgebaut habe, und das Ergebnis ist dieser herrliche Salat. Wir in Großbritannien sind in der glücklichen Lage, weiterhin den schottischen Blaukäse Lanark Blue kaufen zu können. Im Jahre 1995 focht Humphrey Errington, der Hersteller dieser Käsesorte, einen 13-monatigen Kampf vor Gericht aus, um den guten Ruf seines Käses gegen die britischen Gesundheitsapostel zu verteidigen. Diese hatten nämlich moniert, dass besagter Käse, seines Zeichens ein Rohmilchkäse, Listeriabakterien enthalten könnte und somit die Gefahr einer Lebensmittelvergiftung in sich berge. Errington gewann schließlich den Prozess. Viele kleine Käsereien in ganz Großbritannien stehen seitdem tief in seiner Schuld, denn er konnte beweisen, dass Rohmilchkäse gesundheitlich genauso unbedenklich ist wie Käse aus pasteurisierter Milch.

Die Lammfilets würzen und in einer Grillpfanne (oder unter dem heißen Grill oder in einer gewöhnlichen Bratpfanne) 5–8 Minuten bräunen, so dass das Fleisch noch einen rosafarbenen Kern hat. Die Filets warm halten.

In der Zwischenzeit die Bohnen in Salzwasser bissfest kochen, dann abtropfen lassen und in kaltem Wasser abschrecken. Erneut abtropfen lassen und gut trockentupfen.

Für das Dressing die Sahne und den Honig in einem Topf aufkochen lassen, dann den Topf von der Kochstelle nehmen. Den Käse unterrühren, bis er geschmolzen ist. Dann zuerst den Essig, das Olivenöl und die Minze und anschließend das heiße Wasser mit einem Schneebesen unterschlagen. Das Dressing mit Salz und Pfeffer abschmecken.

Die Weißbrotscheiben mit Olivenöl bestreichen und auf beiden Seiten goldbraun rösten.

Die Salat- und Spinatblätter in eine Schüssel geben, die Tomaten, Bohnen, Pilze und den Käse zugeben und alles mit dem warmen Dressing behutsam vermengen. Den fertigen Salat auf vier Serviertellern anrichten. Die gegrillten Lammfilets in Scheiben schneiden und rundherum verteilen. Die gerösteten Brotscheiben auf den Salat legen und sofort servieren.

GEGRILLTES LAMMFILET AUF SALAT MIT WARMEM BLAUKÄSE-MINZE-DRESSING

Kapitel 4

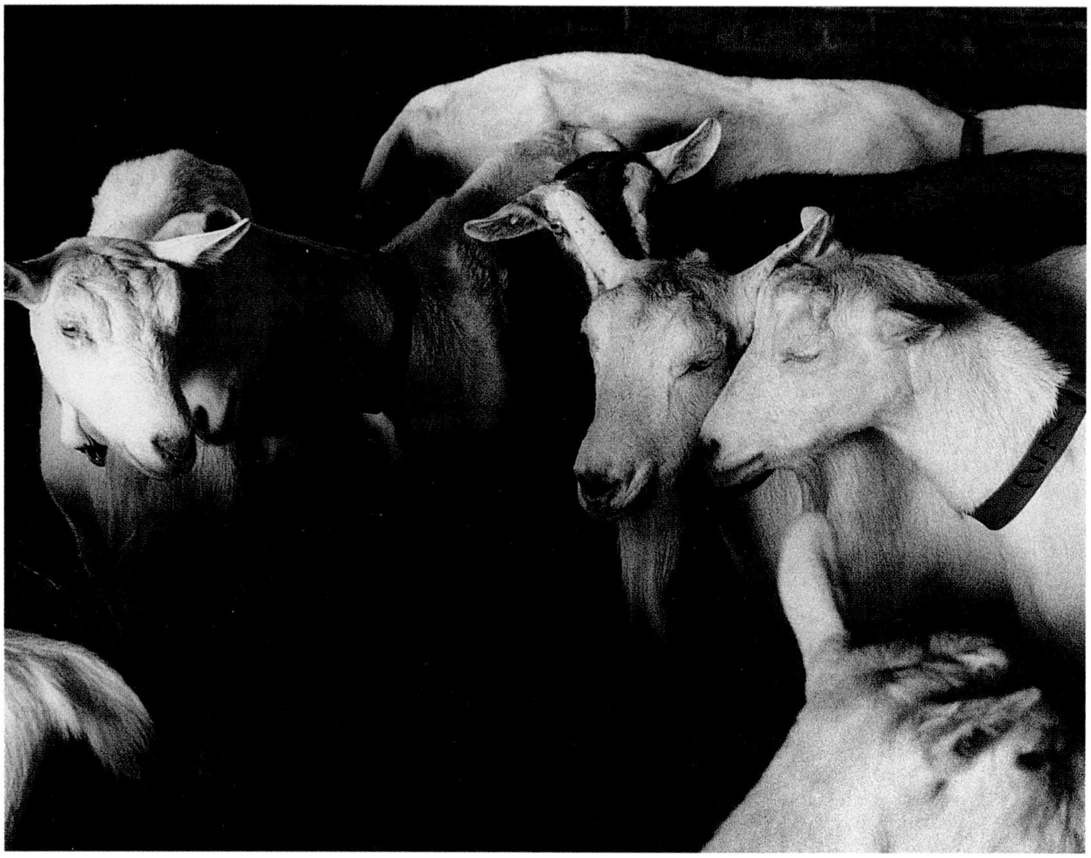

Pasta, Pizza, Reis und Gnocchi

Tagliatelle mit Spiegelei, Kapern und Pecorino sardo

FÜR 4 PERSONEN

500 g Tagliatelle
Frisch geriebene Muskatnuss
40 g (3 EL) Butter
2 EL Kapern *nonpareilles*, abgespült und abgetropft
4 große Eier
Etwas geklärte Butter (siehe Tipp)
100 g Pecorino sardo, gehobelt
Salz
Frisch gemahlener schwarzer Pfeffer

Ein wundervolles Gericht und ganz einfach in der Zubereitung. Wenn die Zeit drängt und trotzdem etwas Schmackhaftes auf den Tisch soll, dann liegen Sie hiermit genau richtig. Die Pasta können Sie mit knusprig ausgebratenen Speckwürfeln anreichern.

Die Nudeln in Salzwasser al dente kochen. Abseihen, gut abtropfen lassen und zurück in den Topf geben. Mit Muskat, Salz und Pfeffer abschmecken, die Butter und die Kapern zugeben und alles gründlich vermengen. Warm halten.

Die Eier in geklärter Butter rasch braten und salzen. Die Nudeln auf vorgewärmten Tellern anrichten, je ein Spiegelei obenauf setzen und den gehobelten Käse darauf verteilen. Mit frisch zerstoßenem schwarzem Pfeffer (siehe Tipp Seite 146) garnieren und servieren.

MEIN TIPP Zum Klären die Butter in einem kleinen Topf bei schwacher Hitze schmelzen und aufkochen lassen. 2 Minuten köcheln, dann das flüssige Butterfett langsam durch ein feinmaschiges Spitzsieb oder ein mit Musselin ausgelegtes Sieb gießen. Darauf achten, dass der milchige Bodensatz, das Kasein, im Topf zurückbleibt. Geklärte Butter sollte im Kühlschrank aufbewahrt werden.

Überbackene Bucatini mit Käse-Sahne-Sauce

FÜR 4 PERSONEN

2 EL natives Olivenöl extra
1 kleine Knoblauchzehe, zerdrückt
150 g Boursin mit Kräutern und Knoblauch (Frischkäsezubereitung)
125 g Ricotta
150 ml Crème fraîche
90 ml süße Sahne
2 EL gehacktes frisches Basilikum
450 g Bucatini (fast spaghettidünne, aber hohle Langnudeln)
Frisch geriebene Muskatnuss
75 g Parmesan, frisch gerieben
Salz
Frisch gemahlener schwarzer Pfeffer

Ich bin kein Freund von fertigen Käsezubereitungen mit allerlei würzenden Zutaten und stehe ihnen im Allgemeinen sehr kritisch gegenüber. Und so finden Sie in diesem Buch auch nur dieses Gericht mit derlei Erzeugnissen. Ich muss allerdings gestehen, dass ich Boursin über alles liebe. Das liegt wahrscheinlich mit daran, dass er bei uns zu Hause einen festen Platz im Kühlschrank hatte, weil meine Eltern diesen Frischkäse so gern aßen.

Den Backofen auf 200 °C vorheizen. Die Hälfte vom Olivenöl in einem Topf erhitzen und den Knoblauch darin nur kurz anbraten, bis er glasig ist. Boursin, Ricotta, Crème fraîche und süße Sahne unterrühren und 1 Minute kochen lassen. Das gehackte Basilikum unterrühren und die Sauce mit Salz und Pfeffer abschmecken.

Die Pasta in reichlich Salzwasser al dente kochen. Abseihen und gut abtropfen, dann gründlich abtropfen lassen. Zurück in den Topf geben, das restliche Olivenöl unterrühren und mit Muskat, Salz und Pfeffer abschmecken. Die Pasta in eine feuerfeste Form umfüllen und mit der Käsesauce begießen. Geriebenen Parmesan darüber streuen und im Ofen etwa 10 Minuten überbacken, bis sich eine goldbraune Kruste gebildet hat.

Cannelloni al forno mit Mangold-Käse-Füllung

FÜR 4 PERSONEN

500 g Cannelloni (Nudelröhren von etwa 2 cm Durchmesser)
100 g Dolcelatte, zerkrümelt
25 g Parmesan, frisch gerieben

Für die Füllung

75 g (6 EL) Butter
1 Zwiebel, fein gehackt
150 g Parmaschinken, gehackt
500 g Mangold, grob gehackt
150 g Ricotta
100 g Parmesan, frisch gerieben
1 Eigelb
Frisch geriebene Muskatnuss
Salz
Frisch gemahlener schwarzer Pfeffer

Für die Sauce

50 g (4 EL) Butter
50 g Weizenmehl
500 ml Milch, abgekocht und abgeseiht
Frisch geriebene Muskatnuss
Salz
Frisch gemahlener schwarzer Pfeffer

KÄSEALTERNATIVEN

Jeder milde Blauschimmelkäse ist als Ersatz für Dolcelatte geeignet.

Mangold erfreut sich wieder wachsender Beliebtheit. Das Gemüse ist zwischen September und März auf dem Markt und erinnert geschmacklich an Spinat. Greifen Sie zur Abwechslung zu dem roten Mangold mit den leuchtend roten Blättern.

Den Backofen auf 200 °C vorheizen. Für die Füllung die Butter bei mittlerer Hitze in einem Topf schmelzen und die Zwiebel darin goldgelb anschwitzen. Den Parmaschinken zugeben und 1 Minute mitbraten, dann die gehackten Mangoldblätter unterrühren und 3–4 Minuten garen, bis die Flüssigkeit im Topf verdampft ist. Das Gemüse in eine Schüssel umfüllen und abkühlen lassen. In der Zwischenzeit die Cannelloni in reichlich Salzwasser al dente kochen. Abseihen, abtropfen lassen und gründlich trockentupfen.

Ricotta, Parmesan und Eigelb unter den gedünsteten Mangold rühren. Mit Muskat, Salz und Pfeffer abschmecken. Die Mischung in einen Spritzbeutel mit Lochtülle füllen und in die Nudelröhren spritzen. Die Cannelloni in eine mit Butter eingefettete feuerfeste Auflaufform setzen und beiseite stellen.

Für die Sauce die Butter in einem Topf zerlassen, das Mehl zugeben und 1–2 Minuten unter Rühren anschwitzen. Die Milch nach und nach einrühren, bis eine glatte Sauce entsteht, und bei sehr milder Hitze 8–10 Minuten köcheln lassen. Mit Muskat, Salz und Pfeffer abschmecken.

Die Sauce über die gefüllten Cannelloni gießen, dann den Dolcelatte und die 25 g Parmesan darüber streuen. Die Cannelloni 10–12 Minuten im Ofen backen, bis sich eine goldgelbe Kruste gebildet hat. Bis zum Servieren 5 Minuten ruhen lassen.

Topfenravioli mit Schinken, Spinat und brauner Butter

FÜR 4 PERSONEN

75 g (6 EL) Butter
450 g junger Blattspinat, gut gewaschen
100 g Topfen (Quark) oder Hüttenkäse, gut abgetropft
75 g Prosciutto (luftgetrockneter Schinken), fein gewürfelt
50 g Mozzarella aus Büffel- oder Kuhmilch, fein gewürfelt
2 EL frisch geriebener Parmesan, außerdem eine Extraportion zum Servieren
10 frische Basilikumblätter, zerpflückt, außerdem einige ganze Blätter zum Garnieren
Frisch geriebene Muskatnuss
Salz
Frisch gemahlener schwarzer Pfeffer

Für den Nudelteig

250 g Weizenmehl (aus Hartweizen)
1 Prise Salz
1 EL natives Olivenöl extra
2 Eier und 1 Eigelb, leicht verschlagen

Körniger Hüttenkäse und Quark finden in der deutschen Küche reichlich Verwendung. Die Füllung für diese Ravioli hat es mir besonders angetan.

Zuerst den Nudelteig herstellen. Das Mehl mit Salz und Olivenöl in eine Küchenmaschine geben und kurz verrühren. Die verschlagenen Eier hinzufügen und zu einem glatten Teig verkneten. Dieser Vorgang sollte in Sekundenschnelle abgeschlossen sein; es ist wichtig, den Teig nicht zu lange zu bearbeiten. Den Teigkloß aus der Küchenmaschine nehmen. Er sollte relativ elastisch und formbar sein. Falls er zu trocken ist, etwas Wasser einarbeiten; falls er zu feucht ist, mit etwas Mehl bestäuben. Den Teig in Frischhaltefolie wickeln und bei Raumtemperatur 15–30 Minuten ruhen lassen.

In der Zwischenzeit die Füllung zubereiten. 25 g (2 EL) von der angegebenen Buttermenge in einem großen Topf erhitzen und den Spinat darin einige Minuten garen, bis er zusammenfällt und alle Flüssigkeit verdampft ist. Den Spinat in eine Schüssel umfüllen und abkühlen lassen, dann fein hacken. Hüttenkäse, Schinken, Mozzarella, Parmesan und gehacktes Basilikum unterrühren. Die Mischung mit Muskat, Salz und Pfeffer abschmecken.

Den Nudelteig mit einer Nudelmaschine zu dünnen Blättern auswalzen. Oder den Teig halbieren und jedes Teigstück von Hand sehr dünn ausrollen. Eine Teigplatte mit Wasser bepinseln, dann reihenweise je einen Teelöffel von der Füllung im Abstand von 5 cm auf den Teig setzen. Die zweite Teigplatte darüber legen, leicht andrücken und rund um die Füllung mit einem Förmchen mit gezacktem Rand Ravioli ausstechen. Darauf achten, dass die Ränder gut festgedrückt sind.

Die Ravioli in reichlich Salzwasser 2–3 Minuten al dente kochen. Mit einem Schaumlöffel herausnehmen und gut abtropfen lassen. Die restliche Butter in einer Bratpfanne goldbraun aufschäumen lassen, sogleich über die Ravioli gießen. Frisch geriebenen Parmesan darüber streuen, ein paar Basilikumblättchen als Garnitur obenauf geben und sofort servieren.

TOPFENRAVIOLI MIT SCHINKEN, SPINAT UND BRAUNER BUTTER

Rigatoni mit Paprika und Pesto von Ziegenkäse und Koriander

FÜR 4 PERSONEN

4 Paprikaschoten (je 1 rote, grüne, gelbe und orange)
50 g (4 EL) Butter
2 EL Olivenöl
1 Prise Zucker
450 g Rigatoni
150 ml Pesto mit Ziegenkäse und Koriander (Rezept S. 20)
Salz
Frisch gemahlener schwarzer Pfeffer
Koriandergrün zum Garnieren (nach Belieben)

Wer dieses farbenfrohe Nudelgericht lieber ganz in Grün mag, der tauscht die Paprikaschoten gegen Zucchini, Lauch und Brokkoli aus.

Die Paprikaschoten halbieren, entkernen und in 5 mm breite Streifen schneiden. Die Butter zusammen mit dem Öl in einer Bratpfanne erhitzen und die Paprikastreifen darin bei milder Hitze 10 – 15 Minuten garen. Falls sie am Pfannenboden anhängen, etwas Wasser zugießen. Sobald die Paprikastreifen gar sind, die Prise Zucker einstreuen und mit Salz und Pfeffer abschmecken.

Die Nudeln in einem großen Topf mit Salzwasser al dente kochen. Abseihen und gut abtropfen lassen. Mit den Paprikastreifen mischen und den Pesto behutsam unterrühren. Mit Salz und Pfeffer abschmecken, nach Belieben mit Koriandergrün garnieren und sofort zu Tisch bringen.

MEIN TIPP Wie wäre es zur Abwechslung mit gebratenen Speckstreifen als Garnitur? Auch andere Pastaformen wie Schnecken, Muscheln usw. machen sich gut in diesem Gericht.

Pennette al Dolcelatte

FÜR 4 PERSONEN

450 g Pennette
90 ml Crème double
100 ml Geflügel- oder Gemüsefond (Rezept S. 16)
90 g Dolcelatte, zerkrümelt
4 EL natives Olivenöl extra
Frisch geriebene Muskatnuss
Salz
Frisch gemahlener schwarzer Pfeffer
Frisch geriebener Parmesan zum Servieren (nach Belieben)

KÄSEALTERNATIVE

Torta Crema aus fettreichem Mascarpone mit eingelegten Gorgonzola-Schichten, dann aber die Crème double weglassen.

Ich habe zwar für dieses Gericht Pennette genommen, aber auch jeder andere Nudeltyp ist geeignet. Zum Ausgleich für die reichhaltige Sauce serviere ich die Pasta hin und wieder mit einem leichten Kräutersalat aus Basilikum, Schnittlauch und Oregano, dazu etwas Frisée, angemacht mit einer Vinaigrette von Balsamessig.

Die Pasta in reichlich Salzwasser al dente kochen und abgießen. In der Zwischenzeit die Sahne mit dem Fond aufkochen, dann von der Kochstelle nehmen und den Dolcelatte unterrühren. Das Olivenöl dazugeben und weiterrühren, bis die Sauce glatt und sämig ist.

Die Nudeln abtropfen lassen und zurück in den Topf geben. Mit Muskat, Salz und Pfeffer abschmecken, dann die Nudeln mit der Sauce vermengen. Nach Belieben mit geriebenem Parmesan bestreuen und sofort servieren.

RIGATONI MIT PAPRIKA UND PESTO VON ZIEGENKÄSE UND KORIANDER

Calzone mit Bel Paese

FÜR 4 PERSONEN

1 Rezept aufgegangener Pizzateig (siehe Seite 91)
Mehl zum Bestäuben
25 g Ricotta
2 Knoblauchzehen, zerdrückt
2 EL Olivenöl
75 g Bel Paese, entrindet und grob gewürfelt
100 g italienische Mortadella oder Kochschinken, gewürfelt
1 leicht verschlagenes Ei
Pflanzenöl zum Frittieren (nach Belieben)
Salz
Frisch gemahlener schwarzer Pfeffer

»Calzoni« ist das italienische Wort für Hose. Es handelt sich hierbei um eine gefüllte Hefeteigtasche, besser gesagt, um eine Art Pizza, die belegt und dann zusammengefaltet wird. Pizza Calzone schmeckt besonders gut mit viel Käse drin, so viel, dass der geschmolzene Käse beim Anschneiden der Pizza hervorquillt.

Den aufgegangenen Teig zwei- bis dreimal kräftig zurückschlagen. Auf einer bemehlten Arbeitsfläche dünn ausrollen und acht Kreise von 15 cm Durchmesser ausstechen.

Ricotta mit Knoblauch, Olivenöl, Bel Paese und Mortadella oder Schinken mischen und mit Salz und Pfeffer abschmecken. Die Mischung auf jeweils eine Hälfte der Teigplatten verteilen; den Rand frei lassen. Die Teigränder mit dem verschlagenen Ei bestreichen und jeweils die freie Hälfte über die Füllung schlagen, so dass halbmondförmige Taschen entstehen. Für einen sauberen Abschluss die Ränder mit einer Gabel fest zusammendrücken.

Das Pflanzenöl in einem großen Topf erhitzen und die Calzoni darin portionsweise in 5–6 Minuten goldbraun ausbacken. Oder die Teigtaschen mit Ei bestreichen und im vorgeheizten Ofen bei 200 °C 12–15 Minuten backen.

Die ultimative vegetarische Calzone

FÜR 4 PERSONEN

1 Rezept aufgegangener Pizzateig (S. 91)
Mehl zum Bestäuben
6 (8) EL Olivenöl
1 Knoblauchzehe, zerdrückt
1/4 TL Fenchelsamen
1 Aubergine, geschält und in dünne Scheiben geschnitten
1 Fenchelknolle, in dünne Scheiben geschnitten
150 g Mozzarella, in dünne Scheiben geschnitten
10 Basilikumblätter, zerpflückt
1 kleines verschlagenes Ei
Pflanzenöl zum Frittieren (nach Belieben)
Salz
Frisch gemahlener schwarzer Pfeffer

Diese Calzoni sind meiner Ansicht nach etwas ganz Besonderes. Das liegt an der Zugabe von Fenchel, einem Gemüse, das viel zu wenig Beachtung findet und dessen Vorzüge anscheinend nur die Italiener wirklich zu schätzen wissen. Eine Tomatensauce passt vorzüglich zu diesen Teigtaschen.

Den aufgegangenen Teig zwei- bis dreimal kräftig zurückschlagen. Auf einer bemehlten Arbeitsfläche dünn ausrollen und acht Kreise von 15 cm Durchmesser ausstechen.

Für die Füllung das Olivenöl mit dem Knoblauch und den Fenchelsamen in einem Topf erhitzen. Die Aubergine und den Fenchel zugeben und 12–15 Minuten bei milder Hitze weich braten. Etwas Wasser zugießen, falls das Gemüse am Topfboden anhängen sollte. Den Topfinhalt in eine Schüssel umfüllen und abkühlen lassen, dann den Mozzarella und das Basilikum untermischen. Mit Salz und Pfeffer abschmecken, die Füllung auf je einer Kreishälfte verteilen, die Ränder mit dem verschlagenen Ei bestreichen, die freie Hälfte über die Füllung schlagen und die Ränder fest zusammendrücken. Die Calzoni wie oben beschrieben frittieren oder im Ofen backen.

Gemüsepizza mit Ziegenkäse, Mozzarella und Rosmarinöl

FÜR 4 PERSONEN

1 rote Paprikaschote
90 ml Olivenöl
1 Zucchino, in dicke Scheiben geschnitten
1 Artischocke, gekocht und geviertelt
8 kleine Pilze mit flachem Hut, Stiele entfernt
4 EL passierte Tomaten (als Fertigprodukt erhältlich)
12 Kirschtomaten, halbiert
100 g Ziegenkäse, in 1 cm große Würfel geschnitten
100 g Mozzarella, in 1 cm große Würfel geschnitten
Salz
Frisch gemahlener schwarzer Pfeffer

Für den Teig

2 TL Trockenhefe
300 ml Wasser
450 g Weizenmehl
1 TL Salz
2 EL Olivenöl

Für das Rosmarinöl

1 Knoblauchzehe, zerdrückt
2 EL gehackter frischer Rosmarin
90 ml natives Olivenöl extra

Wahrlich deliziös, diese vegetarische Pizza: als Belag geröstetes Gemüse mit zwei verschiedenen Sorten Käse, und das Ganze mit aromatischem Rosmarinöl beträufelt. Wer kann da noch widerstehen?

Für die Zubereitung des Pizzateiges die Hefe in wenig Wasser auflösen. Das Mehl mit dem Salz in eine Schüssel sieben und in die Mitte eine Vertiefung drücken. Die aufgelöste Hefe zusammen mit dem restlichen Wasser und dem Olivenöl hineingießen, von der Mitte aus mit dem Mehl mischen und von Hand alles zu einem geschmeidigen Teig verkneten. Auf einer leicht bemehlten Arbeitsfläche 6–8 Minuten weiterkneten, bis der Teig glatt und elastisch ist. Den Teigkloß in eine leicht geölte Schüssel legen und, zugedeckt mit einem feuchten Tuch, etwa 1 Stunde an einem mäßig warmen Ort gehen lassen, bis sich sein Volumen verdoppelt hat.

In der Zwischenzeit den Belag vorbereiten. Den Backofen auf 180 °C vorheizen. Die Paprikaschote mit etwas Olivenöl bestreichen und in einer feuerfesten Form 20 Minuten im Ofen rösten. Das restliche Olivenöl zugießen und die Zucchinischeiben, die Artischockenviertel und die Pilze hineinlegen. Das Gemüse salzen und pfeffern und für etwa 25 Minuten zurück in den Ofen stellen, bis alle Zutaten gar sind. Herausnehmen und abkühlen lassen. Die Paprikaschote häuten, halbieren und entkernen. Das Fruchtfleisch in Streifen schneiden und beiseite stellen.

Die Zutaten für das Würzöl im Mixer kräftig durchmischen und beiseite stellen.

Die Ofentemperatur auf 200 °C erhöhen. Den Pizzateig zwei- bis dreimal kräftig zurückschlagen, in vier Portionen teilen und jede Portion zu einer runden Teigplatte von 18 cm Durchmesser ausrollen (wer in Partylaune ist, kann auch eine große Pizza machen). Die Pizzaböden mit den passierten Tomaten bestreichen, dann mit dem gerösteten Gemüse und den halbierten Kirschtomaten belegen. Die Käsewürfel über das Gemüse streuen und den Belag mit dem Rosmarinöl beträufeln. Die Pizzen in 15–20 Minuten goldbraun und knusprig backen und sofort servieren.

Pizza mit Austern, Spinat, Chorizo und Dolcelatte

FÜR 4 PERSONEN

6–8 EL Olivenöl
2 rote Zwiebeln, in dünne Scheiben geschnitten
500 g frischer Blattspinat, gewaschen
16 Austern, aufgebrochen (siehe Tipp Seite 30) und das Austernfleisch ausgelöst
1 Rezept aufgegangener Pizzateig (siehe Seite 91)
250 g Chorizo (spanische Paprikawurst), in dünne Scheiben geschnitten
175 g Dolcelatte, zerkrümelt
Salz
Frisch gemahlener schwarzer Pfeffer

KÄSEALTERNATIVEN

Gehobelter Pecorino oder Gruyère

Dolcelatte und die würzige spanische Rohwurst Chorizo sind bereits eine köstliche Zusammenstellung. In Verbindung mit dem salzigen, weichen Austernfleisch wird daraus eine innovative Pizzakreation mit außergewöhnlichen Geschmacksnuancen.

Den Backofen auf 200 °C vorheizen. Ein Drittel der Ölmenge in einem Topf erhitzen und die Zwiebeln darin in 10–12 Minuten goldgelb braten. Salzen, pfeffern und herausnehmen. Die Hälfte vom restlichen Öl im Topf erhitzen, den tropfnassen Spinat hineingeben und in 2–3 Minuten zusammenfallen lassen. Mit Salz und Pfeffer abschmecken und herausnehmen. Anschließend das restliche Öl im Topf erhitzen und das ausgelöste Austernfleisch darin 1 Minute kräftig anbraten, damit sich die Poren schließen. Mit Salz und Pfeffer würzen und beiseite stellen.

Den Pizzateig zwei- bis dreimal kräftig zurückschlagen und wie im vorangehenden Rezept zu vier Kreisen von je 18 cm Durchmesser ausrollen. Den Spinat gleichmäßig auf den Pizzaböden verteilen und mit den Wurstscheiben belegen. Das Austernfleisch grob würfeln und darauf verteilen. Zuletzt mit den Zwiebelringen und dem zerkrümelten Käse bestreuen. Die Pizzen etwa 15 Minuten backen, bis der Käse geschmolzen ist und Blasen wirft. Sofort zu Tisch bringen.

PIZZA MIT AUSTERN, SPINAT, CHORIZO UND DOLCELATTE

Supplì alla Gorgonzola con Basilico

FÜR 4 PERSONEN

4 EL Olivenöl
1 Zwiebel, fein gehackt
1 Knoblauchzehe, zerdrückt
250 g Arborio-Reis
500 ml Geflügelfond (S. 16) oder Geflügelfond mit Käsearoma (S. 17)
50 g (4 EL) Butter
75 g Parmesan, frisch gerieben
1 gute Hand voll frisches Basilikum
Frisch geriebene Muskatnuss
75 g Gorgonzola
3 EL Weizenmehl
2 Eier, verschlagen
100 g frische Weißbrotkrumen
Pflanzenöl zum Frittieren
Salz
Frisch gemahlener schwarzer Pfeffer

Diese Reiskroketten sind eine Spezialität aus Kampanien, der Landschaft an der Westküste Italiens, wo sie traditionell mit Mozzarella zubereitet werden und als »Supplì al telefono« bezeichnet werden, was so viel heißt wie »Telefondrähte«, da der geschmolzene Käse beim Aufschneiden der Kroketten lange dünne Fäden zieht. Meine Supplì-Variante enthält Basilikum und cremigen Gorgonzola, so dass Sie auf das Fädenziehen verzichten müssen, dafür aber Kroketten mit einem schmelzenden Kern aus köstlichem Blauschimmelkäse genießen. Es sieht hübsch aus, wenn Sie die Reiskroketten zum Servieren mit Tomatensauce umgießen.

Die Hälfte vom Olivenöl in einem schweren Topf erhitzen und die Zwiebel und den Knoblauch darin bei milder Hitze weich braten, aber nicht bräunen. Den Reis einstreuen und gründlich verrühren. Den Fond in einem separaten Topf bis zum Siedepunkt erhitzen. Etwas von dem kochend heißen Fond an den Reis gießen und rühren, bis der Reis die Flüssigkeit aufgesogen hat. Nach und nach den Fond unter ständigem Rühren zugießen, bis der Reis gegart ist, aber noch einen festen Kern hat. Die Butter und den Parmesan unterrühren, anschließend die Masse auf einem großen Backblech ausbreiten und abkühlen lassen.

Das Basilikum (ein paar Blättchen zum Garnieren zurückbehalten) mit dem restlichen Olivenöl im Mixer grob pürieren. Das Püree unter den abgekühlten Reis rühren, mit Muskat, Salz und Pfeffer abschmecken und bis zur Weiterverarbeitung mindestens 2 Stunden, besser noch über Nacht, kühl stellen.

Mit nassen Händen aus dem gut durchgekühlten Reis 12–16 Kugeln formen. Den Gorgonzola in die entsprechende Anzahl von Stücken schneiden und je ein Stück in die Mitte eines Reisballes drücken. Den Reisball nachformen und darauf achten, dass der Käse überall von Reis bedeckt ist. Die Reisbälle zuerst im Mehl wälzen, dann im verschlagenen Ei drehen und zuletzt in die Brotkrumen legen und wenden.

Das Pflanzenöl in einer Fritteuse oder einem entsprechend hohen Topf erhitzen und die Supplì darin portionsweise 2–3 Minuten ausbacken, bis sie goldbraun und knusprig sind. Die Reiskroketten auf Küchenpapier abtropfen lassen und, garniert mit den zurückbehaltenen Basilikumblättern, unverzüglich servieren.

MEIN TIPP Supplì können Sie auch mit normalem gekochtem Reis zubereiten, den Sie dann mit diversen Zutaten füllen. Zu meinen Lieblingsfüllungen gehört eine Mischung aus sautierter Hühnerleber, Schinken und Wildpilzen. Die Vegetarier unter Ihnen sollten einmal Folgendes probieren: sonnengetrocknete Tomaten und gebratene Auberginen und natürlich Gemüsefond anstelle von Geflügelfond.

SUPPLÌ ALLA GORGONZOLA CON BASILICO

Spargelrisotto mit Fonduta

FÜR 4 PERSONEN

16 Spargelstangen, geschält und die unteren Enden großzügig abgeschnitten
125 g (9 EL) Butter
2 Schalotten, fein gewürfelt
250 g Arborio-Reis
600 ml Geflügelfond mit Käsearoma (Rezept S. 17)
90 ml trockener Weißwein
Salz
Frisch gemahlener schwarzer Pfeffer

Für die Fonduta

190 g Fontina, entrindet und in dünne Scheiben geschnitten
5 EL Milch
15 g (1 EL) Butter
2 Eigelb
1½ EL Crème double

KÄSEALTERNATIVEN

Beaufort, Jarlsberg, Gruyère oder Emmentaler

»Fonduta« ist eine von Italiens berühmten klassischen Saucen, die ich gern mit Pasta und Gemüse kombiniere. Hier verfeinert die frisch zubereitete, cremige Fonduta einen Spargelrisotto. Wer es noch aromatischer mag, der mischt gebratene Wildpilze unter den Spargelrisotto.

Für die Fonduta die Käsescheiben mit der Milch in einen Topf geben und 2 Stunden weichen lassen.

Zwischenzeitlich den Spargel in Salzwasser etwa 5 Minuten garen; er sollte noch bissfest sein. Abtropfen lassen, in kaltem Wasser abschrecken, dann erneut abtropfen lassen und trockentupfen. Die Stangen anschließend diagonal in dünne Scheiben schneiden und beiseite stellen.

Die Butter für die Fonduta in eine Schüssel aus Edelstahl oder Glas geben, diese über einen Topf mit siedendem Wasser setzen; das Wasser darf den Boden der Schüssel nicht berühren. Sobald die Butter geschmolzen ist, den eingeweichten Käse zugeben und unter Rühren schmelzen lassen, bis eine cremige Masse entstanden ist. Nach und nach das Eigelb unterrühren. Da die Masse in diesem Stadium wieder dünnflüssig wird, ständig weiterrühren, bis die Sauce eindickt, aber darauf achten, dass sie nicht zu heiß wird und gerinnt. Zum Schluss die Crème double unterrühren und die Fonduta warm halten.

Für den Risotto 100 g (8 EL) Butter in einem Topf erhitzen und die Schalotten darin anschwitzen, aber nicht bräunen. Den Reis einstreuen und rühren, bis er gänzlich mit Fett überzogen ist. Den Geflügelfond in einem separaten Topf bis zum Siedepunkt erhitzen. Den Weißwein und etwas Fond an den Reis gießen und rühren, bis die Flüssigkeit aufgesogen ist. Den restlichen Fond nach und nach unter ständigem Rühren über den Reis schöpfen, bis er gegart ist, aber noch einen festen Kern hat. Gegen Ende der Garzeit den Fond in kleineren Mengen zugießen und prüfen, ob der Reis bereits gar ist. Insgesamt sollte er nicht länger als 25 Minuten garen.

So viel Fonduta an den Risotto geben, dass er schön saftig, aber nicht matschig ist. Die restliche Butter in einem Topf zerlassen und den Spargel kurz darin aufwärmen. Den Spargel unter den Risotto rühren, den Spargelrisotto mit Salz und Pfeffer abschmecken. Sofort servieren.

MEIN TIPP Spargel stets von oben nach unten schälen, etwa 2 cm unterhalb der Spitze mit dem Schälen ganz dünn anfangen und die Schale nach unten hin immer dicker von der Stange abschälen. Anschließend noch das holzige Ende abschneiden. Je älter und dicker der Spargel ist, umso gründlicher muss geschält werden.

Knusprig gebratener Käserisotto al Salto

FÜR 4 PERSONEN

250 g gekochter Risotto
25 g Parmesan, frisch gerieben
50 g Fontina oder Emmentaler, gerieben
3 EL Pflanzenöl
15 g (1 EL) Butter, zerlassen
Salz
Frisch gemahlener schwarzer Pfeffer

So lassen sich Risottoreste vom Vortag wunderbar verwerten, oder aber man bereitet den Risotto extra hierfür zu. Knusprig gebraten in Kuchenform, ist er der ideale Begleiter zu einem klassischen Ossobuco (Kalbshachse) in einer reichhaltigen Tomatensauce. Vegetarier servieren den Risotto mit gegrilltem Gemüse.

Den fertigen Risotto gründlich mit den beiden Käsesorten vermischen und kräftig mit Salz und Pfeffer abschmecken. Eine schwere Bratpfanne stark erhitzen. Das Öl und die Reis-Käse-Mischung hineingeben und zu einem 1–2 cm dicken Kuchen formen. Die Hitzezufuhr reduzieren und den Reiskuchen etwa 5 Minuten braten, bis der Rand goldbraun und knusprig ist. Den Kuchen wenden und auf der anderen Seite ebenfalls in 5 Minuten goldbraun und knusprig braten. Den fertigen Reiskuchen auf eine Servierplatte stürzen, mit der geschmolzenen Butter bestreichen und in Stücke geschnitten servieren.

Gebackene Walnuss-Gnocchi mit Asiago und Gruyère

FÜR 4 PERSONEN

350 g Kartoffeln, geschält und in dicke Stücke geschnitten
75 g Walnüsse, gemahlen
75 g Asiago, gerieben
15 g (1 EL) Butter
2 Eigelb
125 g Weizenmehl
Frisch geriebene Muskatnuss
Salz
Frisch gemahlener schwarzer Pfeffer

Für den Belag

50 g (4 EL) Butter
1 EL grob gehackte frische glatte Petersilie
50 g Gruyère, fein gerieben
25 g Asiago, fein gerieben

Walnüsse und Gruyère sind eine überaus gelungene Kombination, die hier zu einem fantastischen Herbstgericht ausgebaut worden ist. Verfeinern können Sie dies, indem Sie ein paar frische Steinpilze mit Knoblauch und Petersilie sautieren und diese Mischung über die pochierten Gnocchi geben, bevor Sie das Ganze mit dem geriebenen Käse bestreuen.

Die Kartoffeln in Salzwasser weich kochen, dann gut abtropfen lassen und noch heiß zerdrücken. Die Walnüsse und den Asiago zugeben und kräftig durchrühren, bis der Käse geschmolzen ist. Die Butter, das Eigelb und die Hälfte des Mehls untermischen und mit Muskat, Salz und Pfeffer abschmecken. Die Masse auf eine bemehlte Arbeitsfläche geben und das restliche Mehl nach und nach unterkneten, bis ein weicher, aber noch formbarer Teig entstanden ist. Abkühlen lassen.

Aus dem Teig 2,5 cm dicke Rollen formen und 2 cm lange Stücke davon abschneiden. Jedes Stück über die Zinken einer Gabel rollen, um die klassische Gnocchiform – gerillt und leicht gebogen – zu erhalten. Die Gnocchi auf ein bemehltes Backblech legen und ungefähr eine Stunde trocknen lassen.

Den Backofen auf 180 °C vorheizen. Die Gnocchi portionsweise etwa 2–3 Minuten in reichlich Salzwasser sieden lassen, bis sie an die Oberfläche kommen. Dann mit einem Schaumlöffel herausheben und in einer leicht gefetteten, flachen, feuerfesten Form anrichten.

Für die Sauce die Butter zerlassen und über die Gnocchi gießen, dann mit Petersilie, Gruyère und Asiago bestreuen. Im Ofen 12–15 Minuten überbacken, bis sich eine schöne braune Kruste gebildet hat. Ofenfrisch servieren.

Ricotta-Rucola-Malfattini mit Käse-Trüffel-Sauce

FÜR 4 PERSONEN

25 g (2 EL) Butter
200 g Rucola, zusätzlich ein paar Blätter zum Garnieren
400 g Ricotta, durch ein Sieb gestrichen
150 g Weizenmehl
2 Eier
1 Eigelb
100 g Parmesan, frisch gerieben, und eine Extraportion zum Servieren
Frisch geriebene Muskatnuss
Salz
Frisch gemahlener schwarzer Pfeffer

Für die Sauce

150 g Pecorino sardo, grob gerieben
50 g (4 EL) Butter
50 g Mascarpone
150 ml Milch
2 EL Trüffelöl von weißen Trüffeln

Im Originalrezept werden diese Gnocchi mit frischen, in Scheiben geschnittenen Piemonttrüffeln zubereitet – exquisit im Geschmack, aber leider sehr teuer! Ersetzen Sie sie durch vergleichsweise preiswertes Trüffelöl von weißen Trüffeln aus dem Delikatessengeschäft. Falls zufällig weiße Trüffeln im Angebot sind, zugreifen und die kostbaren Pilze über die Nocken hobeln. »Malfattini« bedeutet missgestaltet, was hier durchaus zutrifft, da sie nicht wie gewöhnliche Gnocchi geformt sind. Die Sauce ist eine Variante der klassischen Fonduta (Rezept S. 96), die mit Pecorino anstelle von Fontina zubereitet wird.

Die Butter in einer Pfanne erhitzen und die Rucolablätter darin 1 Minute andünsten, bis sie zusammenfallen. Abkühlen lassen und fein hacken.

Ricotta, Mehl, Eier und Eigelb in eine Schüssel geben und gut verrühren. Den Parmesan und die Rucola unterrühren und mit Muskatnuss, Salz und Pfeffer würzen. Mit zwei nassen Teelöffeln kleine Klößchen von der Mischung abstechen und zu Nocken formen. Portionsweise in einen großen Topf mit siedendem Salzwasser geben und ziehen lassen, bis sie an die Oberfläche kommen. Die Malfattini mit einem Schaumlöffel herausheben und auf Küchenpapier abtropfen lassen. Warm halten, während die Sauce zubereitet wird.

Pecorino mit Butter, Mascarpone und Milch in eine Schüssel geben. Die Schüssel über einen Topf mit siedendem Wasser setzen, ohne dass das Wasser den Schüsselboden berührt. Den Käse langsam schmelzen lassen und gelegentlich mit einem Schneebesen umrühren. Anschließend das Trüffelöl kräftig unterschlagen, bis die Sauce emulgiert. Mit Salz und Pfeffer abschmecken.

Zum Servieren die Malfattini bei Bedarf im schwach geheizten Backofen kurz wieder anwärmen und auf tiefe Teller verteilen. Mit der Käsesauce übergießen, mit frischen Rucolablättern garnieren und etwas Parmesan darüber streuen.

RICOTTA-RUCOLA-MALFATTINI MIT KÄSE-TRÜFFEL-SAUCE

Kapitel 5

Fisch, Geflügel, Wild und Fleisch

Meerbarbe auf gebackener Caprese mit Basilikum und Olivenöl

FÜR 4 PERSONEN

2 Kugeln Kuhmilch-Mozzarella, in 1 cm dicke Scheiben geschnitten
8 Eiertomaten, gehäutet und in 1 cm dicke Scheiben geschnitten
4 Meerbarbenfilets mit Haut (je 175 g)
1 kleines Bund frisches Basilikum
150 ml natives Olivenöl extra
Salz
Frisch gemahlener schwarzer Pfeffer

Ein ausgesprochen schlichtes Fischgericht, das so richtig nach Sommer schmeckt. »Caprese« heißt die berühmte italienische Vorspeise aus Mozzarella, Tomaten und Basilikum, auf die hier die Meerbarbe – reichlich bestreut mit frischen Basilikumblättchen – gebettet ist (Abbildung siehe Seite 2).

Den Backofen auf 220 °C vorheizen. Eine flache ofenfeste Form, groß genug, dass die Fischfilets nebeneinander Platz haben, leicht einölen. Dann im Wechsel die Mozzarella- und Tomatenscheiben dachziegelartig auf dem Boden der Form anordnen und mit Salz und Pfeffer würzen. Die Fischfilets darauf verteilen, salzen und pfeffern, mit Basilikum bestreuen und das Olivenöl darüber gießen. 8–10 Minuten im Ofen backen und dann sogleich servieren.

MEIN TIPP Dazu reiche ich mit etwas Butter versehene Nudeln, die ich hin und wieder noch durch die Zugabe von gewürfelten schwarzen Oliven oder auch sonnengetrockneten Tomaten aufpeppe.

Seebarsch mit Parmesankruste und Grillgemüse

FÜR 4 PERSONEN

75 g Parmesan, frisch gerieben
25 g frische Weißbrotkrumen
Abgeriebene Schale von ½ unbehandelten Zitrone
4 Seebarschfilets mit Haut (je 175 g)
2 Eier, verschlagen
4 EL Pflanzenöl
25 g (2 EL) Butter
Salz
Frisch gemahlener schwarzer Pfeffer

Für das Grillgemüse

250 g Zucchini, in 5 mm dünne Scheiben geschnitten
12 Spargelstangen, geschält und die Enden großzügig abgeschnitten
2 gekochte Artischockenherzen, geviertelt
1 EL frische Thymianblättchen
4 EL Olivenöl
2 EL guter, lang gereifter Balsamessig

Für dieses Gericht ist jeder Fisch mit festem Fleisch geeignet. Das Gemüse müssen Sie allerdings einen Tag im Voraus mit dem Thymian grillen und dann über Nacht stehen lassen, damit es Saft zieht. Den ausgetretenen Saft mischen Sie dann mit Balsamessig. Das ergibt eine köstliche, herrlich nach Thymian duftende Vinaigrette, mit der Sie den Fisch beträufeln können.

Die vorbereiteten Zucchini, Spargelstangen und Artischockenherzen auf ein Backblech legen, salzen und pfeffern, mit dem Thymian bestreuen und vorsichtig mit dem Olivenöl beträufeln. Über Holzkohlenglut (oder im vorgeheizten Backofen) 5–6 Minuten grillen, bis das Gemüse rundum angeröstet, aber noch bissfest ist. Abkühlen lassen, mit Frischhaltefolie abdecken und über Nacht in den Kühlschrank stellen.

Am nächsten Tag den ausgetretenen Gemüsesaft abgießen und beiseite stellen. Den Backofen auf 180 °C vorheizen. Den Parmesan, die Brotkrumen und die abgeriebene Zitronenschale mischen und leicht salzen und pfeffern. Die verschlagenen Eier in eine flache Schale geben. Die Fischfilets erst im Ei, dann in der Parmesanpanade wenden und die Panade gut festdrücken.

Das Grillgemüse im Backofen erhitzen. 3 Esslöffel vom zurückbehaltenen Gemüsesaft mit dem Balsamessig mischen.

Das Öl und die Butter in einer großen Pfanne bis zum Rauchpunkt erhitzen. Sobald die Butter schäumt, die panierten Fischfilets hineingeben und auf jeder Seite etwa 4 Minuten braten, bis sie goldbraun und knusprig sind. Zum Servieren das Grillgemüse auf vier Tellern anrichten, je ein Fischfilet darauf legen und rundum mit dem Dressing beträufeln.

MEIN TIPP Zur Abwechslung den Thymian durch Rosmarin und Oregano ersetzen und das in der Zutatenliste genannte Gemüse gegen Paprikaschoten und Auberginen austauschen, denn auch diese Fruchtgemüse lassen sich hervorragend grillen. Für das Dressing sollten Sie nur besten, das heißt mehrere Jahre im Holzfass gereiften, Balsamessig verwenden.

Seebarsch mit Parmesankruste und Grillgemüse

Gegrillte Kabeljaufilets auf Käse-Kartoffel-Püree

FÜR 4 PERSONEN

4 EL Olivenöl
1 EL Zitronensaft
1/4 TL Safranfäden
4 Kabeljaufilets mit Haut (je 150 g)
Frisch zubereitetes Käse-Kartoffel-Püree
(Aligot, Rezept S. 135)
Salz
Frisch gemahlener schwarzer Pfeffer

Für die Schneckenbutter

150 g (10 EL) Butter
2 Knoblauchzehen, zerdrückt
3 EL gehackte frische glatte Petersilie,
außerdem einige Zweige zum Garnieren
1/4 TL Dijonsenf
2 EL Zitronensaft

Schneckenbutter schmeckt so fantastisch, dass es wahrlich eine Schande ist, sie ausschließlich zu Schnecken zu servieren. Hier wird die zerlassene Butter über gegrillten Kabeljau gegossen, angerichtet auf einem Bett von zart schmelzendem Käse-Kartoffel-Püree (einer Zubereitung aus Frankreich). Liebliche Düfte steigen einem in die Nase, wenn dieses Gericht auf den Tisch kommt. Als Beilage reiche ich dazu gern Prinzessbohnen oder gegrillten Lauch.

Das Olivenöl mit dem Zitronensaft und den Safranfäden in einem Topf behutsam erwärmen, damit sich die Aromen voll entfalten können. Die Fischfilets mit dieser Marinade begießen und entweder 2 Stunden bei Raumtemperatur oder über Nacht im Kühlschrank ziehen lassen.

Als Nächstes die Schneckenbutter zubereiten, was auch im Voraus geschehen kann. Die Butter bei milder Hitze schmelzen, dann den Knoblauch zugeben. Die Hitzezufuhr etwas erhöhen und den Knoblauch in der Butter anschwitzen, ohne ihn braun werden zu lassen. Die gehackte Petersilie und den Senf unterrühren, dann in eine Schüssel umfüllen und abkühlen lassen. Den Zitronensaft unterrühren und die Butter mit Salz und Pfeffer abschmecken.

Die Fischfilets aus der Marinade nehmen, kräftig salzen und pfeffern und in eine Grillpfanne oder unter einen vorgeheizten Grill legen. In der Grillpfanne die Fischfilets etwa 3–4 Minuten auf jeder Seite, unter dem Grill 5–6 Minuten auf jeder Seite garen. (Die Fischfilets können auch gebraten werden.)

Zum Servieren eine Portion Aligot auf jeden Teller geben und die Kabeljaufilets darauf setzen. Die Schneckenbutter wieder erwärmen und über den Fisch gießen, dann das Ganze mit Petersilienzweigen garnieren und sofort auftragen.

MEIN TIPP Sie können den Fisch auch kurz anbraten, dann mit einer Mischung aus frischen Brotkrumen, Senf und Butter bestreichen und unter dem heißen Grill fertig garen und bräunen, bevor Sie ihn auf das Käse-Kartoffel-Püree setzen.

GEGRILLTES KABELJAUFILET AUF KÄSE-KARTOFFEL-PÜREE

Rochenflügel im Camembert-Spinat-Mantel mit Senfsauce

FÜR 4 PERSONEN

75 g durchwachsener Speck am Stück, in 5 mm große Würfel geschnitten
150 g kleine Champignons, in 5 mm große Würfel geschnitten
4 EL Crème fraîche
450 g Spinat, gewaschen
½ kleiner Camembert, in 5 mm große Würfel geschnitten
4 Rochenflügel (je 300 g)
4 quadratische Stücke Schweinenetz von je 25 cm Seitenlänge
6 EL trockener Cidre
150 ml trockener Weißwein
150 ml Geflügelfond (Rezept S. 16)
40 g (3 EL) Butter, gekühlt und gewürfelt, außerdem etwas zerlassene Butter zum Bestreichen
2 EL Olivenöl
1 EL körniger Senf
Salz
Frisch gemahlener schwarzer Pfeffer

KÄSEALTERNATIVE

Ein Schweizer Tomme Vaudoise

Für dieses Gericht muss der Rochen mitsamt der Farce in Schweinenetz eingewickelt werden, damit Fisch und Farce sich nicht voneinander lösen und der Fisch schön saftig bleibt. Sie brauchen vier Stücke von der hauchdünnen Haut des Bauchfells, die Ihnen ein guter Metzger bestimmt besorgen kann.

Den Backofen auf 200 °C vorheizen. Eine Bratpfanne bis zum Rauchpunkt erhitzen und die Speckwürfel darin bei starker Hitze knusprig ausbraten. Die Pilze zugeben und 2 Minuten mitbraten. Die Crème fraîche unterrühren und um die Hälfte einkochen lassen. Dann den Spinat hinzufügen, die Pfanne von der Kochstelle nehmen und abkühlen lassen. Den gewürfelten Camembert zugeben und mit Salz und Pfeffer abschmecken.

Die Masse gleichmäßig mit Hilfe eines Palettmessers auf den Rochenflügeln verteilen. Das Schweinenetz mit der zerlassenen Butter bestreichen, auf jedes Stück einen Rochenflügel mit der Farce nach unten legen. Den Fisch gut in das Schweinenetz einwickeln und die vier Päckchen nebeneinander in eine große feuerfeste Form legen. Mit Cidre, Wein und dem Geflügelfond umgießen und 12–15 Minuten im Ofen backen. Den gegarten Fisch herausnehmen und warm halten. Die Garflüssigkeit in einen sauberen Topf abseihen und nach und nach die kalten Butterwürfel und das Olivenöl unterschlagen, bis eine sämige Sauce entsteht. Den Senf unterrühren und mit Salz und Pfeffer abschmecken. Je einen Rochenflügel auf einem Teller anrichten, mit der Sauce begießen und servieren.

MEIN TIPP Sie können den Rochen durch jeden anderen weißfleischigen Fisch wie Glattbutt oder Steinbutt ersetzen. Mangold oder auch fein gehobelter Kohl sind eine schmackhafte Alternative zum Spinat.

ROCHENFLÜGEL IM CAMEMBERT-SPINAT-MANTEL MIT SENFSAUCE

Geschmorter Steinbutt mit glasiertem Chicorée und Bleu d'Auvergne

FÜR 4 PERSONEN

50 g (4 EL) weiche Butter
75 g Bleu d'Auvergne
2 EL gehacktes Koriandergrün
4 EL Pflanzenöl
4 Steinbuttsteaks mit Mittelgräte (je 200 g)
150 ml trockener Weißwein
150 ml reduzierter Kalbs- oder Rinderfond (Rezept S. 17)
Salz
Frisch gemahlener schwarzer Pfeffer

Für den Chicorée

2 Chicoréekolben
25 g (2 EL) Butter
½ TL Zucker

Für den Salat

1 EL Walnussöl
2 EL Olivenöl
1 EL Champagneressig
250 g Feldsalat

KÄSEALTERNATIVEN

Bleu de Causses, Saint-Agur oder ein bayerischer Blue Bayou

Zugegeben, Fisch und Blauschimmelkäse sind eine ungewöhnliche Zusammenstellung, die aber meines Erachtens in diesem Rezept erstaunlicherweise gut harmoniert. Wenn die Fischsteaks mit der Mittelgräte gegart werden, bleiben sie schön saftig.

Den Backofen auf 190 °C vorheizen. Die Butter mit dem Blaukäse und dem Koriandergrün gut verrühren und beiseite stellen.

Das Öl in einer ofenfesten Bratpfanne oder flachen Kasserolle erhitzen (das Kochgeschirr sollte so groß sein, dass alle Fischsteaks darin nebeneinander Platz haben). Die Fischsteaks salzen und pfeffern und etwa 2 Minuten auf jeder Seite anbraten. Mit dem Wein und dem Fond aufgießen und für 10 Minuten in den heißen Ofen stellen, bis der Fisch gar ist; zwischendurch ein- bis zweimal mit der Garflüssigkeit begießen.

In der Zwischenzeit die Chicoréeblätter voneinander lösen, waschen und längs in schmale Streifen schneiden. Mit der Butter und dem Zucker in einen Topf geben und 8–10 Minuten dünsten, bis alle Flüssigkeit verdampft und der Chicorée weich und leicht karamellisiert ist. Mit Salz und Pfeffer abschmecken und warm halten.

Für den Salat die Öle mit dem Essig kräftig verrühren, mit Salz und Pfeffer abschmecken, dann behutsam mit dem Feldsalat mischen.

Den Fisch aus dem Ofen nehmen, die Garflüssigkeit in einen sauberen Topf abseihen und bei milder Hitze warm halten. Den Fisch ebenfalls warm halten. Die Käsebutter in einer Bratpfanne aufschäumen lassen, bis sie nussig zu duften beginnt. Die schäumende Butter zu der Garflüssigkeit vom Fisch gießen und mit Salz und Pfeffer abschmecken. Den Chicorée auf vorgewärmten Serviertellern als Bett anrichten, die Steinbuttsteaks darauf legen und mit der Sauce umgießen. Sofort servieren. Den Feldsalat getrennt dazu reichen.

MEIN TIPP Chicorée wird heutzutage zwar meist roh als Salat gegessen, aber er schmeckt auch vorzüglich in Butter gedünstet – mit etwas Zucker gegen die Bitterstoffe. Würzen Sie den Chicorée ganz nach Ihrem Geschmack: Zitronensaft, Pfeffer, Muskat und/oder Orangensaft harmonieren sehr gut mit dem Gemüse.

Gefüllte Sardinen mit Parmesan-Gremolata und Kapernbutter

FÜR 4 PERSONEN

24 frische Sardinen (je 15 cm lang), geschuppt
4 EL Olivenöl
2 Knoblauchzehen, zerdrückt
1 Knolle Fenchel mit Fenchelgrün, fein gehackt
1 EL gehackter frischer Thymian
1 EL gehackter frischer Oregano
Abgeriebene Schale von 1 unbehandelten Zitrone
1 EL Pernod oder eine andere Anisspirituose
25 g frische Weißbrotkrumen
50 g Parmesan, frisch gerieben
Frisch geriebene Muskatnuss
Salz
Frisch gemahlener schwarzer Pfeffer

Für die Kapernbutter

125 g (5 EL) Butter
2 Schalotten, fein gehackt
3–4 EL Kapern *nonpareilles*, abgespült und abgetropft
1 EL gehackte frische Petersilie
Saft von 1 Zitrone

KÄSEALTERNATIVEN

Grana padano (eine preiswertere Parmesanvariante), Asiago oder Pecorino

Sardinen feiern in den letzten Jahren ein Come-back in der feinen Küche. Hinzu kommt, dass sie gesund und sehr preiswert sind. Die hier verwendete Farce aus Parmesan, Fenchel und Zitronenschale harmoniert sehr gut mit den kleinen Fettfischen. Nach Belieben können Sie die Sardinen gegen Makrelen austauschen; wichtig ist, dass sie ganz frisch sind.

Den Backofen auf 200 °C vorheizen. Die Sardinen auf der Unterseite aufschlitzen und die Eingeweide behutsam aus der Bauchhöhle herausziehen. Die Bauchhöhle aufklappen, die Mittelgräte an Kopf und Schwanz mit einer Schere durchtrennen (Kopf und Schwanz nicht abschneiden, damit der Fisch beim Garen besser zusammenhält) und die Gräte vollständig am Kopfende beginnend bis zum Schwanz abziehen. Die vorbereiteten Sardinen beiseite stellen.

Die Hälfte vom Öl in einem Topf erhitzen und den Knoblauch darin weich braten. Den Fenchel zugeben und 5 Minuten mitgaren. Dann nacheinander die Kräuter, die abgeriebene Zitronenschale, den Pernod, die Brotkrumen und den Parmesan unterrühren. Die Mischung mit Muskat, Salz und Pfeffer abschmecken und von der Kochstelle nehmen.

Die Sardinen mit dieser Farce füllen und gut zusammendrücken. Die gefüllten Fische auf ein geöltes Backblech legen, mit dem restlichen Öl bestreichen und in 8–10 Minuten im Ofen garen lassen.

Für die Kapernbutter die Butter bei milder Hitze zerlassen, dann die Schalotten, die Kapern und die Petersilie zugeben. Die Butter kurz aufschäumen lassen, bis sie nussig zu duften beginnt. Den Zitronensaft unterrühren, die Sardinen sogleich mit der gewürzten Butter begießen und servieren.

Hummergratin mit Käse-Estragon-Sauce

FÜR 4 PERSONEN

4 gekochte Hummer (je etwa 500 g)
25 g (2 EL) Butter
Cayennepfeffer nach Geschmack
6 EL trockener Weißwein
1 EL gehackter frischer Estragon, außerdem ein paar Zweige zum Garnieren
300 ml Einfache Käsesauce (Rezept S. 18)
4 EL Crème double, halbsteif geschlagen
3 EL frisch geriebener Parmesan
Salz
Frisch gemahlener schwarzer Pfeffer

Dieses Gericht basiert auf der berühmten Zubereitung Hummer Thermidor. Als Beilage benötigen Sie lediglich einen einfachen Reispilaw.

Die Scheren vom Hummer an den Gelenken herausdrehen und den Körper der Länge nach halbieren. Am einfachsten ist es, den Körper vom Rumpf zum Kopf hin mit einem großen Messer durchzuschneiden. Dann das Messer herausziehen, den Hummer drehen und das Schwanzende auf die gleiche Weise durchtrennen. Den Magensack und den Darm entfernen und wegwerfen, dann das Hummerfleisch aus dem Kopf und Schwanz heben und grob würfeln. Die Kiemen aus dem Panzer entfernen und den Panzer zurückbehalten. Die Scheren an zwei oder drei Stellen mit einem schweren Messer anschlagen und das Fleisch vorsichtig auslösen.

Die Butter in einem Topf erhitzen, das Hummerfleisch hineingeben und mit Salz, Pfeffer und Cayennepfeffer würzen. Mit dem Weißwein aufgießen, zum Kochen bringen und 1 Minute leise köcheln lassen – nicht länger, sonst wird das Fleisch zäh. Das Hummerfleisch mit einem Schaumlöffel herausnehmen und den Wein um die Hälfte einkochen lassen. Den gehackten Estragon und die Käsesauce unterrühren, dann die Crème double unterziehen und das Hummerfleisch zurück in den Topf geben. Mit Salz und Pfeffer abschmecken.

Den Topfinhalt auf die acht Hummerhälften verteilen, die gefüllten Panzer auf ein Backblech oder in eine flache Auflaufform legen und mit dem geriebenen Parmesan bestreuen. Unter dem heißen Grill bräunen und mit Estragonzweigen garniert zu Tisch bringen.

Garnelenpfanne mit Sofrito, Paprika und Manchego

FÜR 4 PERSONEN

4 EL Olivenöl
50 g (4 EL) Butter
2 Knoblauchzehen, zerdrückt
20–24 große rohe Garnelen (Crevetten), geschält und den Darm entfernt
1 rote Zwiebel, in 5 mm dünne Spalten geschnitten
2 rote Paprikaschoten, halbiert, entkernt und in 1 cm breite Streifen geschnitten
1 grüne Paprikaschote, halbiert, entkernt und in 1 cm breite Streifen geschnitten
300 g Tomaten, enthäutet, entkernt und gehackt
1 Prise Cayennepfeffer
½ TL Paprikapulver
250 g Manchego, in 2 cm große Würfel geschnitten
2 EL frisches Koriandergrün
Salz
Frisch gemahlener schwarzer Pfeffer

KÄSEALTERNATIVE

Feta

Manchego ist der berühmteste Schafkäse Spaniens. Jung ist dieser Käse mild und von cremiger Konsistenz. Viele spanische Rezepte beginnen mit der Anleitung zur Zubereitung von Sofrito, für den Zwiebeln, Knoblauch, Tomaten und zuweilen auch Petersilie langsam zu einem dicken, würzigen Brei verkocht werden, der als Grundlage vieler Speisen dient. Das vorliegende Rezept ist mexikanisch-spanischen Ursprungs und lässt sich praktisch mit fast allen Meeresfrüchten zubereiten. Eine interessante Geschmacksvariante bieten Hummer oder Jakobsmuscheln. Safranreis ist der ideale Begleiter zu diesem Gericht.

Das Öl mit der Butter in einer Bratpfanne erhitzen, bis die Butter schäumt, dann den Knoblauch darin 1 Minute anbraten. Die vorbereiteten Garnelen zugeben und etwa 2 Minuten scharf anbraten. Aus der Pfanne nehmen und warm halten. Die Zwiebel und die Paprikaschoten in die Pfanne geben und zugedeckt bei milder Hitze in 15 Minuten weich dünsten.

Die Tomaten zusammen mit den Gewürzen unterrühren und etwa 5 Minuten mitdünsten, bis sie zerfallen. Die Garnelen zurück in die Pfanne geben und behutsam unterrühren, dann die Käsewürfel zugeben und 30 Sekunden scharf anbraten. Die Garnelenpfanne mit Salz und Pfeffer abschmecken, Koriandergrün darüber streuen und sofort servieren.

GARNELENPFANNE MIT SOFRITO, PAPRIKA UND MANCHEGO

Miesmuschel-Käse-Fondue à la Normandie

FÜR 6 PERSONEN
ALS VORSPEISE,
FÜR 4 PERSONEN
ALS HAUPTGERICHT

250 g Emmentaler, gerieben
1 EL Maismehl
½ Knoblauchzehe
300 ml trockener Weißwein
250 g sehr reifer Camembert, entrindet und klein geschnitten
8 EL trockener Cidre
Frisch geriebene Muskatnuss
Salz
Frisch gemahlener schwarzer Pfeffer

Für die Miesmuscheln

900 g Miesmuscheln
1 Schalotte, fein gehackt
Einige Petersilienzweige
175 ml trockener Weißwein

Gerechterweise muss man sagen, dass die meisten Käsegerichte den Käse nicht als Hauptzutat, sondern nur in kleinen Mengen enthalten. Eine Ausnahme bildet das Fondue, das in den Schweizer Alpen erfunden wurde und mit den berühmten Käsesorten der Region, dem Emmentaler und dem Gruyère, zubereitet wird. Mein Lieblingsfondue ist eine schmackhafte moderne Variante des klassischen Käsefondues und enthält Emmentaler sowie Camembert aus der Normandie. Überaus wichtig für die Zubereitung eines Fondues ist das richtige Kochgeschirr – mittlerweile überall erhältlich und eine lohnenswerte Anschaffung –, das wesentlich zum Gelingen des Fondues beiträgt.

Zunächst die Miesmuscheln säubern. Dazu die Muscheln unter fließendem kaltem Wasser abbürsten, entbarten und Entenmuscheln und Seepocken mit einem Messer abkratzen. Offene Muscheln, die sich nicht beim Daraufklopfen schließen, wegwerfen.

Für das Fondue den geriebenen Emmentaler mit dem Maismehl mischen und beiseite stellen. Den Fonduetopf oder eine irdene Kasserolle mit der angeschnittenen Knoblauchzehe ausreiben. Den Weißwein hineingießen und bei milder Hitze bis zum Siedepunkt bringen. Nach und nach den Emmentaler hineinstreuen und glatt rühren. Dann den Camembert zugeben und unter Rühren auflösen. Den Cidre zugießen, mit Salz, Pfeffer und Muskat abschmecken und warm halten.

Die Miesmuscheln mit der Schalotte, den Petersilienzweigen und dem Weißwein in einen Topf geben und zugedeckt bei starker Hitze so lange kochen, bis sich alle Muscheln geöffnet haben (3–4 Minuten); zwischendurch den Topf ein- bis zweimal kräftig rütteln. Die Muscheln in einem Durchschlag abtropfen lassen, den Sud zurückbehalten und alle Muscheln, die sich beim Kochen nicht geöffnet haben, wegwerfen. Das Muschelfleisch aus der Schale lösen und warm halten. Den Sud abseihen und an das Fondue gießen. Die Muscheln getrennt reichen und mit Fonduegabeln in das Käsefondue tauchen.

MEIN TIPP Die Miesmuscheln können Sie problemlos gegen andere Meeresfrüchte austauschen. Hin und wieder reiche ich junge Kartoffeln zum Fondue. Die sind toll zum Dippen.

Hähnchenschnitzel mit Mozzarella, Tomatenpaste und Basilikum

FÜR 4 PERSONEN

4 gehäutete Hähnchenbrustfilets (je 150 g)
Mehl zum Bestäuben
1 Ei, verschlagen
5 EL frische Weißbrotkrumen
5 EL Olivenöl
100 g (8 EL) Butter
1 Kugel Mozzarella, in 8 Scheiben geschnitten
2 EL grob gehacktes frisches Basilikum
Saft von ½ Zitrone
Salz
Frisch gemahlener schwarzer Pfeffer

Für die Tomatenpaste

75 g getrocknete Tomaten in Öl
25 g Kapern *nonpareilles*, abgespült und abgetropft
2 Knoblauchzehen, zerdrückt
4 EL Öl von den getrockneten Tomaten

Die klassische Kombination aus Mozzarella, Tomaten und Basilikum einmal in anderer Aufmachung. Die Hähnchenbrust können Sie ebenso gut durch Steinbutt oder einen ähnlichen weißfleischigen Fisch ersetzen. Die Tomatenpaste ist zwar mittlerweile als Konserve in gut sortierten Supermärkten erhältlich, aber selbst gemacht schmeckt sie natürlich um einiges besser. Darüber hinaus ist sie wirklich im Nu zubereitet. Übrig gebliebene Paste hält sich problemlos längere Zeit im Kühlschrank.

Alle Zutaten für die Tomatenpaste im Mixer grob pürieren (nicht zu fein, sonst wird die Paste matschig).

Die Hähnchenbrustfilets jeweils zwischen zwei Lagen Frischhaltefolie legen und mit einem Fleischklopfer oder (grifflosen) Rollholz flach klopfen, bis sie knapp 5 mm dick sind. Die Filets salzen und pfeffern und leicht mit Mehl bestäuben. Durch das verschlagene Ei ziehen und dann in den Brotkrumen wenden. Überschüssige Brotkrumen abschütteln.

Das Olivenöl und 25 g (2 EL) Butter in einer Bratpfanne erhitzen und die panierten Hähnchenschnitzel darin auf jeder Seite etwa 4 Minuten braten, bis sie außen goldbraun und knusprig und innen gar sind, dann auf vier ofenfeste Servierteller verteilen. Jedes Schnitzel mit zwei Scheiben Mozzarella belegen, dann ½ Teelöffel Tomatenpaste auf dem Käse verstreichen. Die belegten Hähnchenschnitzel unter den vorgeheizten Grill schieben. Grillen, bis der Käse zerläuft.

Zwischenzeitlich die restliche Butter in einer Bratpfanne erhitzen, bis sie schäumt und nussig zu duften beginnt. Das Basilikum und den Zitronensaft zugeben, die Schnitzel mit der braunen Butter begießen und sofort servieren.

MEIN TIPP Manchmal bestreiche ich eine der Käsescheiben mit der Tomatenpaste und die andere mit der provenzalischen Olivenpaste (Tapenade). Der farbliche Kontrast von Schwarz, Rot und Weiß sieht fantastisch aus. (Tapenade in Gläsern finden Sie in allen gut sortierten Supermärkten oder Feinkostläden.)

Gegrilltes Stubenküken mit Ricotta verde und süßer Schalotten-Vinaigrette

FÜR 4 PERSONEN

4 küchenfertige Stubenküken (je 400 g), möglichst Freilandgeflügel
75 g frischer Tomme
75 g Ricotta
1 Bund Brunnenkresse, Stiele entfernt, Blättchen fein gehackt
2 EL gehacktes frisches Basilikum
1 Schalotte, fein gehackt
1 Knoblauchzehe, zerdrückt
2 EL Olivenöl
Salz
Frisch gemahlener schwarzer Pfeffer
Zitronenspalten zum Servieren

Für die Marinade

1 Knoblauchzehe, zerdrückt
Saft und abgeriebene Schale von 2 unbehandelten Zitronen
4 EL Olivenöl

Für die Vinaigrette

4 Schalotten, in Scheibchen geschnitten
10 g (1/2 EL) Butter
1 Prise Zucker
1 EL Champagneressig
4 EL Olivenöl
1/4 TL Dijonsenf

Kürzlich entdeckte ich in einem großen Supermarkt Stubenküken, die bereits für die nachfolgende Zubereitungsmethode vorbereitet waren. Da entfällt all die lästige Vorarbeit! »En crapaudine« nennt der Profikoch das aufgeklappte Geflügel, das so unter dem Grill saftig und gleichmäßig gart. Auch wenn Sie es so nicht auftreiben können, besteht kein Grund zur Panik bei dem Gedanken an die Vorbereitung der Vögel. Nach einigen Versuchen werden Sie sich fragen, warum Sie so viel Aufhebens davon gemacht haben. Auch Ihre Gäste werden beeindruckt sein. Zu den Küken passen neue Kartoffeln und ein Salat von Brunnenkresse.

Für die Garmethode *en crapaudine* die Stubenküken aufschneiden, auseinander klappen und flach drücken. Dazu den Rückenknochen mit einer Küchen- oder Geflügelschere herausschneiden. Das Gabelbein in der Mitte durchbrechen, dann den Vogel mit den Schnittflächen nach unten legen und mit dem Handballen flach drücken. Wenden und das Brustbein entfernen.

Alle Zutaten für die Marinade verrühren, mit Salz und Pfeffer abschmecken und in ein großes, flaches Behältnis gießen – oder die Marinade auf zwei Schalen verteilen. Die Stubenküken hineinlegen, in der Marinade wenden und zugedeckt mindestens 4 Stunden, besser über Nacht, im Kühlschrank durchziehen lassen.

Für die Vinaigrette die Schalotten mit einer Prise Zucker in der Butter goldgelb braten, bis sie leicht karamellisiert sind. Den Essig mit dem Öl, dem Senf und etwas Salz und Pfeffer verschlagen. Die gebratenen Schalotten zugeben und die Vinaigrette abkühlen lassen.

Die beiden Käse mit Brunnenkresse, Basilikum, Schalotte, Knoblauch und Olivenöl in einer Schüssel mischen, salzen und pfeffern. Die marinierten Stubenküken gründlich abtrocknen. Vorsichtig die Haut lösen, ohne sie zu zerreißen, und die Füllung zwischen Fleisch und Haut geben und mit den Fingern verstreichen. Die Haut wieder glatt ziehen und mit Salz und Pfeffer bestreuen.

Die Stubenküken etwa 8 Minuten auf jeder Seite grillen. Ideal wäre ein Holzkohlegrill. Das fertige Geflügel auf angewärmten Serviertellern anrichten, etwas Vinaigrette darüber träufeln und mit der restlichen Vinaigrette umgießen. Mit Zitronenspalten garnieren.

GEGRILLTES STUBENKÜKEN MIT RICOTTA VERDE UND SÜSSER SCHALOTTEN-VINAIGRETTE

Gefüllte Wachteln mit Traubensauce

FÜR 4 PERSONEN

8 Wachteln, entbeint (bitten Sie Ihren Metzger darum, und lassen Sie sich die Knochen nach Möglichkeit mitgeben)
100 g weiche Butter
100 g Sage Derby, gerieben
1 Schalotte, fein gehackt
1 kleine Knoblauchzehe, zerdrückt
Salz
Frisch gemahlener schwarzer Pfeffer

Für die Sauce

90 ml Weißwein
300 ml reduzierter Kalbs- oder Rinderfond (Rezept S. 17)
350 g Muskattrauben
4 EL Muscat de Beaumes de Venise oder ein anderer Süßwein

KÄSEALTERNATIVEN

Ideal wäre ein Dolcelatte, aber auch kräftigere Blauschimmelkäse wie Stilton oder Roquefort sind geeignet.

Auf den ersten Blick ist dies eine ungewöhnliche Zusammenstellung, aber wenn Sie darüber nachdenken, wird Ihnen einfallen, dass Trauben auf keiner Käseplatte fehlen und dass sie auch oft mit Wachteln kombiniert werden. Das vorliegende Rezept vereint alle drei Zutaten. Die hellen Muskattrauben sind bekannt für ihre außerordentliche Süße, aber auch mit roten Trauben schmeckt das Gericht. Als Beilage empfehle ich Artischockenherzen oder Prinzessbohnen, mit Speck und Zwiebeln in Butter gebraten. Wenn keine Wachteln verfügbar sind, nehmen Sie stattdessen 4 Stubenküken. In diesem Fall benötigen Sie die doppelte Menge an Füllmasse.

Den Backofen auf 220 °C vorheizen. Die Wachteln innen und außen salzen. Für die Füllung 75 g (6 EL) von der angegebenen Buttermenge mit dem Blauschimmelkäse, der Schalotte, dem Knoblauch und etwas Salz und Pfeffer verrühren. Die Wachteln mit der Mischung füllen, dann die Haut über die Öffnung ziehen und mit einem Cocktailspieß feststecken. Die Vögel in einen kleinen Bräter legen. Die restliche Butter zerlassen und die Wachteln damit bestreichen, dann die Wachteln 12–15 Minuten im Ofen braten. Sie sollten weich, saftig und zartrosa sein. Aus dem Bräter nehmen und warm halten.

Für die Sauce die Wachtelkarkassen in den Bräter geben und auf der Herdplatte goldbraun anbraten. Den Weißwein angießen und aufkochen lassen. Unter Rühren den Bratensatz vom Boden des Bräters ablösen. 2 Minuten köcheln lassen, bis der Wein verdampft ist. Den reduzierten Kalbs- oder Rinderfond zugießen und zum Kochen bringen, zwischendurch alle Unreinheiten und Schwebstoffe von der Oberfläche abschöpfen. Die Sauce bei reduzierter Hitze 10 Minuten köcheln lassen.

In der Zwischenzeit die Hälfte der Trauben in einer Saftzentrifuge entsaften. Die restlichen Trauben halbieren und entkernen. Sobald die Sauce sirupartig eingekocht ist, sie in einen sauberen Topf abseihen, den Beaumes de Venise oder den Süßwein und den frisch gepressten Traubensaft zugießen. Die Sauce 2 Minuten köcheln lassen, die halbierten Trauben zugeben und bis zum Siedepunkt erhitzen. Mit Salz und Pfeffer abschmecken.

Die Wachteln 2 Minuten im Backofen wieder erwärmen, dann auf vier Servierteller verteilen. Mit der Sauce umgießen und sofort servieren.

MEIN TIPP Wenn Sie keine Saftpresse besitzen, können Sie die Trauben auch im Mixer pürieren und dann abseihen. Wenn man die Trauben zum Entkernen nicht halbieren möchte, kann man dies auch mit einer sauberen Haarnadel tun.

GEFÜLLTE WACHTELN MIT TRAUBENSAUCE

Gebratene Fasanenbrust im Speckhemd mit Kümmelwirsing und Gorgonzola-Polenta

FÜR 4 PERSONEN

4 Fasanenbrüste, entbeint und die Knochen gehackt
8 Scheiben geräucherter Bauchspeck
4 EL Pflanzenöl
75 g (6 EL) Butter
1 Wirsing, den harten Strunk herausgeschnitten und fein gehobelt
1 TL Kümmelkörner
300 ml Wasser
Frisch geriebene Muskatnuss
½ Rezept Gorgonzola-Polenta (S. 132)
Salz
Frisch gemahlener schwarzer Pfeffer

Für die Sauce

3 Schalotten, grob gehackt
1 Knoblauchzehe, grob gehackt
1 frischer Thymianzweig
1 Lorbeerblatt
6 Wacholderbeeren, angedrückt
6 schwarze Pfefferkörner, angedrückt
5 EL Rotweinessig
150 ml Rotwein
150 ml Kalbs- oder Rinderfond (Rezept S. 17)
4 EL Portwein
½ EL rotes Johannisbeergelee

Dieses winterliche Gericht serviere ich häufig um die Weihnachtszeit. Garniert mit gebratenen Zwiebelchen und glasierten Kastanien schmeckt es einfach himmlisch. Da Fasan bei unsachgemäßer Zubereitung austrocknet, sollten Sie nicht vergessen, ihn zu bardieren. Eingehüllt in geräucherten Bauchspeck bleibt das magere Fleisch schön zart und saftig.

Den Backofen auf 220 °C vorheizen. Die Fasanenbrüste überall salzen und pfeffern, dann jede Brust in zwei überlappende Speckscheiben wickeln. Den Speck mit einem Cocktailspieß feststecken. Die Hälfte von der angegebenen Öl- und Buttermenge in einer ofenfesten Bratpfanne oder flachen Kasserolle erhitzen, bis die Butter schäumt, und die Fasanenbrüste darin von allen Seiten braun anbraten. Das Kochgeschirr in den heißen Ofen schieben und die Fasanenbrüste in 8–10 Minuten gar werden lassen.

In der Zwischenzeit das restliche Öl in einem Topf erhitzen und den vorbereiteten Wirsing darin bei milder Hitze andünsten, bis er zusammenfällt. Die restliche Butter, die Kümmelkörner und das Wasser zugeben. Zum Kochen bringen und garen, bis der Kohl weich und alle Flüssigkeit verdampft ist. Den Wirsing mit Salz, Pfeffer und einer Prise Muskat abschmecken und warm stellen.

Die Fasanenbrüste aus dem Ofen nehmen und die Cocktailspieße entfernen. Das Geflügel warm halten, während die Sauce zubereitet wird. Dazu die zerhackten Fasanenkarkassen mit Schalotten, Knoblauch, Thymian, Lorbeerblatt, Wacholderbeeren und Pfefferkörnern in das Kochgeschirr geben, in dem die Fasanenbrüste gegart wurden, und in 2–3 Minuten braun anbraten. Den Essig angießen und 1 Minute kochen und unter Rühren den Bratensatz vom Boden der Pfanne ablösen. Den Rotwein zugießen und die Flüssigkeit um die Hälfte einkochen lassen. Dann den Fond zugießen und die Flüssigkeit wiederum um ein Drittel reduzieren. Zum Schluss den Portwein und das rote Johannisbeergelee unterrühren und mit Salz und Pfeffer abschmecken. Die fertige Sauce durch ein feines Sieb abseihen.

Zum Servieren die Polenta, falls nötig, aufwärmen. Das Wirsinggemüse auf vier vorgewärmte Teller verteilen und mit je einer Fasanenbrust belegen. Einen großen Löffel Polenta darauf geben und mit der Sauce umgießen. Guten Appetit!

Gegrilltes Tatar-Steak mit Roquefort

FÜR 4 PERSONEN

750 g bestes mageres Rinderhack
2 EL Worcestersauce
1 Zwiebel, sehr fein gehackt
1 EL Kapern *nonpareilles*, abgespült, abgetropft und gehackt
1 EL gehackte frische Petersilie
1 EL Dijonsenf
1 Eigelb
150 g Roquefort, zerkrümelt
Salz
Frisch gemahlener schwarzer Pfeffer

KÄSEALTERNATIVEN

Für eine völlig andere Geschmacksrichtung den Roquefort durch Ziegenkäse oder Emmentaler ersetzen

Dieses Rezept klingt wie ein Widerspruch in sich selbst, denn der springende Punkt beim Tatar-Steak ist, dass es roh serviert wird. Ich habe mich erdreistet, die Zutaten für das Tatar – bestes Fleisch vom Rind, Worcestersauce, Zwiebeln, Kapern, Senf und Eigelb – zu einer Art Hamburger zu verarbeiten, der als i-Tüpfelchen einen zart schmelzenden Kern aus Roquefort besitzt. Reichen Sie dazu knusprige Pommes frites und einen knackigen grünen Salat.

Das Hackfleisch mit der Worcestersauce, der Zwiebel, den Kapern, der Petersilie und dem Senf in einer Schüssel mischen. Mit Salz und Pfeffer abschmecken und das Eigelb unterrühren. Das gewürzte Hackfleisch etwa 30 Minuten im Kühlschrank fest werden lassen.

Aus dem Hackfleisch vier Kugeln formen. In jede Kugel mit dem Daumen eine Vertiefung drücken und den zerkrümelten Roquefort hineingeben. Mit Hackfleisch verschließen, zu flachen, runden Hamburgern formen, leicht salzen und pfeffern, dann grillen (über Holzkohle oder unter dem Elektrogrill). Man kann die Hamburger aber auch in der Pfanne braten. Beim Wenden darauf achten, dass nichts von der zarten Käsefüllung ausläuft.

Entrecôtes mit Roquefortbutter, Röstkartoffeln und Steinpilzen

FÜR 4 PERSONEN

450 g Frühkartoffeln
4 EL Olivenöl
200 g frische Steinpilze, geputzt und in dünne Scheiben geschnitten
2 EL grob gehackter frischer Salbei
4 Entrecôtes (je 275 g), pariert
2 EL grob gemahlene schwarze Pfefferkörner
125 g Roquefortbutter (Rezept S. 19)
Salz

Dieses Gericht eignet sich hervorragend für einen Grillabend im Freien, denn es erfordert wenig Aufwand. Und falls es regnet, verlegt man das Grillen oder Braten nach drinnen.

Die Kartoffeln mit der Schale in Salzwasser bissfest garen, dann abtropfen und auf Handwärme abkühlen lassen. Die Kartoffeln schälen und in 1 cm dicke Scheiben schneiden. Das Öl in einer Bratpfanne erhitzen und die Kartoffelscheiben darin rösten. Die Pilze und den Salbei zugeben und mitbraten, bis die Pilze weich sind. Mit Salz und Pfeffer abschmecken und warm halten.

Die Steaks in den grob gemahlenen Pfefferkörnern wälzen und leicht salzen. Die Fleischstücke auf den Bratrost legen und je nach gewünschtem Gargrad grillen.

Die Kartoffeln auf vier Servierteller verteilen, je ein Steak darauf legen und obenauf eine Portion Roquefortbutter geben. Sofort servieren. Die würzige Käsebutter zerläuft auf dem Weg zum Tisch.

MEIN TIPP Falls keine frischen Steinpilze im Angebot sind, sollten Sie auf braune Champignons (Egerlinge) zurückgreifen. Das schlichte Rezept lässt viele Abwandlungen zu. So können Sie zum Beispiel als Fleisch auch Lamm- oder Schweinekoteletts oder auch Rumpsteaks verwenden. Für die Roquefortbutter lassen sich auch Käsereste gut verwerten.

ENTRECÔTES MIT ROQUEFORTBUTTER, RÖSTKARTOFFELN UND STEINPILZEN

Rinderfilet mit Crostini und Rotwein-Balsamico-Jus

FÜR 4 PERSONEN

4 Filetsteaks (je 175 g), pariert (Parüren klein schneiden und für die Zubereitung der Sauce zurückbehalten)
3 EL Pflanzenöl
100 g gemischtes Gemüse wie Zwiebeln, Lauch und Möhren, fein gewürfelt
200 ml Rotwein
4 EL lang gereifter Balsamessig
300 ml reduzierter Kalbs- oder Rinderfond (Rezept S. 17)
8 große Scheiben Mark aus Rindermarkknochen (siehe Tipp)
4 runde Brotscheiben, geröstet
25 g frischer Parmesan, gehobelt
Salz
Frisch gemahlener schwarzer Pfeffer

KÄSEALTERNATIVE

Asiago

Zu diesem Gericht inspirierte mich der französische Klassiker Steak à la bordelaise: Rindersteak in Rotweinsauce mit Rindermark. In meiner Variante wird das Mark mit Parmesanspänen bestreut und die Sauce mit Balsamessig verfeinert. Im Allgemeinen reiche ich dazu in Butter gegarten Spinat mit Steinpilzen und gebratenen Schalotten, aber jedes andere Blattgemüse schmeckt ebenso gut.

Die Steaks salzen und pfeffern. Das Öl in einer großen, schweren Bratpfanne bis zum Rauchpunkt erhitzen. Die Steaks darin auf beiden Seiten scharf anbraten, dann je nach gewünschtem Gargrad weiterbraten: 2–3 Minuten pro Seite für blutig, 5–6 Minuten für rosa. Die Steaks aus der Pfanne nehmen und im schwach geheizten Ofen warm halten. Die Parüren in das Bratfett geben und zusammen mit dem Mischgemüse goldbraun braten. Den Rotwein und den Balsamessig angießen, zum Kochen bringen und unter Rühren den Bratensatz vom Pfannenboden ablösen. 5 Minuten kochen, dann den Fond zugießen und die Flüssigkeit bei milder Hitze sirupartig einkochen lassen. Die Sauce hat die richtige Konsistenz, wenn sie am Löffel leicht haftet. Gegebenenfalls nachwürzen.

In der Zwischenzeit die Rindermarkscheiben in wenig Salzwasser oder in Kalbs- oder Rinderfond 1 Minute pochieren, dann abtropfen lassen. Je zwei Markscheiben auf eine geröstete Brotscheibe legen und mit Käsespänen bestreuen. Die Steaks auf vorgewärmte Servierteller verteilen, die Crostini darauf legen und mit der Rotweinsauce umgießen. Mit frisch gemahlenem schwarzem Pfeffer bestreuen und sofort servieren.

MEIN TIPP Rindermarkknochen bekommen Sie in einer guten, alteingesessenen Metzgerei. Ein sehr zuvorkommender Metzger wird Ihnen das Mark auch aus dem Knochen lösen. Falls nicht, bitten Sie ihn, die Knochen in 7,5 cm große Stücke zu zerteilen, die Sie dann zu Hause 1–2 Minuten pochieren. Danach lässt sich das Mark leicht herauslösen.

Kalbskotelett mit Blaukäse-Rarebit, gebackenem Sellerie und Rosmarinsauce

FÜR 4 PERSONEN

700 g Knollensellerie, geschält und in 10 × 2 × 2 cm große Stäbchen geschnitten
90 ml Pflanzenöl
200 g Bleu de Causses, fein gewürfelt
2 TL Senf
100 ml helles Bier
4 Kalbskoteletts oder -schnitzel (je 150 g)
Salz
Frisch gemahlener schwarzer Pfeffer

Für die Sauce

25 g (2 EL) Butter
2 Schalotten, fein gehackt
1 EL gehackter frischer Rosmarin
150 ml Rotwein
450 ml reduzierter Kalbs- oder Rinderfond (Rezept S. 17)

KÄSEALTERNATIVEN

Jeder Blauschimmelkäse mit wenig Rinde

Käse-Rarebit ist eine pikante, typisch englische Spezialität, die mindestens seit Shakespeares Zeiten gegessen wird. Beim Schmökern in einem alten Kochbuch aus dem 18. Jahrhundert stieß ich zufällig auf das Rezept für Blaukäse-Rarebit.

Den Backofen auf 200 °C vorheizen. Die Selleriestäbchen in kochendem Salzwasser 2–3 Minuten blanchieren, dann in einem Durchschlag gründlich abtropfen lassen. Den Sellerie auf einem Backblech ausbreiten, mit der Hälfte vom Öl beträufeln und in 20–25 Minuten im Ofen goldgelb backen.

In der Zwischenzeit den Käse mit dem Senf und dem Bier in einen Topf geben und bei milder Hitze unter ständigem Rühren schmelzen lassen; die fertige Mischung sollte die Konsistenz von dicker Sahne haben. Mit Salz und Pfeffer abschmecken und warm halten.

Das restliche Öl in einer Bratpfanne erhitzen, das Fleisch salzen und pfeffern und 3–5 Minuten auf jeder Seite im heißen Fett braten. Aus der Pfanne nehmen und warm stellen.

Für die Sauce die Butter, die Schalotten und den Rosmarin in das Bratfett geben und die Schalotten darin goldbraun anbraten. Den Rotwein angießen und 2–3 Minuten kochen, dann den Kalbs- oder Rinderfond zugießen und die Flüssigkeit einkochen lassen. Die fertige Sauce durch ein feinmaschiges Sieb gießen.

Den Blaukäse-Rarebit auf die Kalbskoteletts streichen und die Koteletts 2–3 Minuten unter dem heißen Grill bräunen, bis die Käsemasse goldgelb ist und Blasen wirft. Die Koteletts auf vier Teller verteilen, mit der Sauce umgießen und mit dem gebackenen Sellerie garnieren.

Saltimbocca im neuen Gewand

FÜR 4 PERSONEN

4 dünne Kalbsschnitzel (je 200 g)
4 Scheiben Prosciutto (luftgetrockneter Schinken)
8 dünne Scheiben Fontina, entrindet
Mehl zum Bestäuben
3 Eier, verschlagen
75 g Parmesan, frisch gerieben
50 g frische Weißbrotkrumen
4 EL Pflanzenöl oder geklärte Butter (siehe Tipp Seite 83)
2 Zitronen, geschält, weiße Haut und Kerne entfernt und in 5 mm dünne Scheiben geschnitten
Salz
Frisch gemahlener schwarzer Pfeffer

Für die Sauce

300 ml reduzierter Kalbs- oder Rinderfond (Rezept S. 17)
5 EL Marsala
75 g (6 EL) Butter
20 kleine frische Salbeiblätter
2 EL Zitronensaft

KÄSEALTERNATIVEN

Port-Salut oder Fontal

Meine moderne Variante der Saltimbocca enthält alle Elemente des italienischen Klassikers und zusätzlich dünne Scheiben Fontina sowie eine zarte Parmesankruste. Im Frühling sind Spargelspitzen und Babylauch ideale Begleiter dazu.

Die Kalbsschnitzel dürfen nicht dicker als 3 mm sein. Falls nötig, die Fleischscheiben zwischen zwei Lagen Frischhaltefolie mit einem Fleischklopfer flach klopfen. Die Schnitzel salzen und pfeffern, erst mit einer Scheibe Schinken, dann mit zwei Scheiben Fontina belegen und zusammenklappen. Die Schnitzel nochmals salzen und pfeffern, mit Mehl bestäuben und 30 Minuten in den Kühlschrank stellen.

Für die Sauce den Fond und den Marsala zum Kochen bringen und leicht sirupartig einkochen lassen.

Die verschlagenen Eier mit dem Parmesan und den Brotkrumen mischen und mit Salz und Pfeffer würzen. Das Öl oder die geklärte Butter in einer großen Bratpfanne erhitzen, jedes Schnitzel durch die Panade ziehen und etwa 5 Minuten auf jeder Seite goldbraun braten. Auf vorgewärmte Servierteller geben, jedes Schnitzel mit zwei Zitronenscheiben belegen und mit der Marsalasauce umgießen. Die Butter aufschäumen lassen, bis sie beginnt nussig zu duften. Die Salbeiblätter und den Zitronensaft unterrühren und über die Schnitzel gießen. Sofort servieren.

MEIN TIPP Die richtige Konsistenz einer Sauce ist manchmal schwer zu bestimmen. Falls die Sauce zu dünnflüssig ist, lässt man sie so lange einkochen, bis sie leicht am Löffel haftet.

SALTIMBOCCA IM NEUEN GEWAND

Gebratene Lammkoteletts mit Paprikagemüse und Pesto von Ziegenkäse und Koriander

FÜR 4 PERSONEN

90 ml Olivenöl
2 Knoblauchzehen, zerdrückt
1 kleine rote Chilischote
4 rote Paprikaschoten, entkernt
1 EL Weißweinessig
8 dicke Lammkoteletts oder -chops (mit Filet und kurzem Knochen)
150 ml Pesto mit Ziegenkäse und Koriander (Rezept S. 20)
Salz
Frisch gemahlener schwarzer Pfeffer

Ein cremiges Kartoffelpüree oder eine gegrillte Polenta passen gut zu den Lammkoteletts mit Paprikagemüse.

Das Olivenöl in einer Bratpfanne erhitzen und den Knoblauch und die unzerteilte Chilischote zum Aromatisieren darin 1 Minute bei milder Hitze anbraten. Die Paprikaschoten in 1 cm breite Streifen schneiden und dazugeben, mit Salz und Pfeffer bestreuen und 3–4 Minuten mitbraten. Etwas Wasser angießen und das Gemüse zugedeckt bei milder Hitze in 10–15 Minuten gar werden lassen. Den Deckel abnehmen und bei erhöhter Hitzezufuhr alle Flüssigkeit verkochen lassen. Den Essig zugießen und ebenfalls verdampfen lassen. Die Chilischote herausnehmen und das Paprikagemüse eventuell nachwürzen. Warm halten.

Die Lammkoteletts salzen und pfeffern und in einer Grillpfanne nach Wunsch braten. Das Paprikagemüse auf vier Teller verteilen, je ein Lammkotelett obenauf legen, Pesto darüber geben und servieren.

Lammhachsen mit Feta, Anchovis und Kichererbsen

FÜR 6 PERSONEN

1 EL eingelegte Anchovisfilets, abgespült
2 EL fein abgeriebene Zitronenschale
2 EL gehackter frischer Oregano
4 EL Olivenöl
2 Knoblauchzehen, zerdrückt
6 kleine Lammhinterhachsen, pariert
200 g griechischer Feta
Salz
Frisch gemahlener schwarzer Pfeffer

Für die Kichererbsen

2 EL Olivenöl
1 Zwiebel, fein gehackt
½ EL gemahlener Kreuzkümmel
1 TL Kurkuma
250 g getrocknete Kichererbsen, über Nacht eingeweicht und abgetropft
4 Tomaten, enthäutet, entkernt und gehackt
300 ml passierte Tomaten

Lammhachsen werden zunehmend beliebter, denn sie sind sehr schmackhaft und strapazieren nicht den Geldbeutel.

Für die Kichererbsen das Öl in einem Topf erhitzen und darin die Zwiebel mit Kreuzkümmel und Kurkuma anschwitzen. Die Kichererbsen zugeben und, mit Wasser bedeckt, zum Kochen bringen. Bei milder Hitze 1 Stunde köcheln lassen, bis die Hülsenfrüchte weich sind. Etwa 10 Minuten vor Ende der Garzeit die gehackten Tomaten und die passierten Tomaten hinzufügen und zu einer dicken Sauce einkochen lassen. Mit Salz und Pfeffer abschmecken.

Die Sardellenfilets fein hacken und mit der abgeriebenen Zitronenschale, dem Oregano, dem Öl und dem Knoblauch zu einer Paste verrühren. Die Lammhachsen damit einreiben und bis zu 2 Stunden marinieren lassen.

Die Hachsen über einem Holzkohlegrill oder in einer Grillpfanne 10–12 Minuten (Gargrad rosa) auf jeder Seite oder nach Wunsch auch länger braten.

In der Zwischenzeit die Kichererbsen wieder erwärmen und auf Servierteller verteilen. Die Lammhachsen darauf anrichten und mit grob geriebenem Feta bestreuen. Sofort servieren.

GEGRILLTE LAMMKOTELETTS MIT PAPRIKAGEMÜSE UND PESTO VON ZIEGENKÄSE UND KORIANDER

Kapitel 6

Lauchgratin mit Mimolette und Räucherspeck

FÜR 4 PERSONEN

1 Prise Zucker
8 mittelgroße Stangen Lauch
15 g (1 EL) Butter
1 EL Weizenmehl
300 ml Gemüsefond (Rezept S. 16) oder fettarme Milch
1 TL Dijonsenf
90 ml Crème double
100 g Mimolette, gerieben
50 g geräucherter Bauchspeck, Schwarte entfernt und grob gehackt
Salz
Frisch gemahlener schwarzer Pfeffer

KÄSEALTERNATIVEN

Jeder kräftig würzige Cheddar oder Cantal

Lauch und Bauchspeck passen geschmacklich wunderbar zusammen. Durch die Zugabe des rotgelben Mimolette wird dieses schlichte Gratin – ideal als Beilage zum sonntäglichen Braten – zu einem echten Geschmackserlebnis.

Wasser mit einer Prise Zucker und etwas Salz in einem Topf zum Kochen bringen. Die geputzten Lauchstangen hineingeben und in 8–10 Minuten bei milder Hitze bissfest garen. Herausnehmen und gründlich abtropfen lassen, dann mit einem sauberen Geschirrtuch trockentupfen.

Die Butter in einem Topf zerlassen, das Mehl einstreuen und bei milder Hitze 1–2 Minuten anschwitzen. Nach und nach den Fond oder die Milch zugießen und die Flüssigkeit unter ständigem Rühren zum Kochen bringen. Bei milder Hitze 10 Minuten köcheln lassen. Den Topf von der Kochstelle nehmen und den Senf, die Sahne und die Hälfte vom geriebenen Käse unterrühren, dann mit Salz und Pfeffer abschmecken. Die Lauchstangen in einer Gratinform anrichten, salzen und pfeffern und mit der Sauce übergießen.

Den Speck in einer heißen Pfanne knusprig ausbraten. Abtropfen lassen und auf dem Lauch verteilen. Den restlichen Käse darüber streuen und das Gratin unter den heißen Grill schieben. Einige Minuten grillen, bis der Käse schön gebräunt ist und Blasen wirft. Sofort servieren.

Gorgonzola-Polenta mit jungem Blattspinat und Wildpilzen

Diese cremige Blaukäse-Polenta ziehe ich jeder gewöhnlichen Polenta mit Parmesan vor.

FÜR 4–6 PERSONEN

25 g (2 EL) Butter
150 g gemischte Wildpilze wie Steinpilze und Pfifferlinge oder Austernpilze; große Exemplare halbiert
90 ml Madeira oder Portwein
300 ml Kalbs- oder Rinderfond (Rezept S. 17)
2 EL Olivenöl
100 g junger Blattspinat, gewaschen
Frisch geriebene Muskatnuss
1 EL Schnittlauchröllchen zum Garnieren
Salz
Frisch gemahlener schwarzer Pfeffer

Für die Polenta

2 l Wasser
2 TL Salz
100 g (8 EL) Butter
350 g Maisgrieß (Polenta)
150 g Gorgonzola, zerkrümelt

KÄSEALTERNATIVEN

Bleu de Bresse oder Castello blue

Für die Polenta das Wasser mit Salz und Butter in einem großen Topf zum Kochen bringen. Unter ständigem Rühren mit einem Holzlöffel den Maisgrieß langsam ins kochende Wasser rieseln lassen. Die Polenta bei milder Hitze unter gelegentlichem Rühren 30–35 Minuten köcheln lassen, bis sie sich von selbst vom Topfrand löst. Den Topf von der Kochstelle nehmen, den Gorgonzola zugeben und unter Rühren schmelzen lassen. Die fertige Polenta sollte relativ weich und cremig sein. Mit Salz und Pfeffer abschmecken und warm halten.

Die Butter in einem Topf erhitzen und die Pilze darin bei starker Hitze braten, bis sie weich sind. Die Pilze herausnehmen und beiseite stellen. Den Madeira oder Portwein an das Bratfett gießen und die Flüssigkeit um die Hälfte einkochen lassen. Mit Salz und Pfeffer würzen, die Pilze zurück in den Topf geben und warm halten.

Das Olivenöl in einem sauberen Topf erhitzen, den Spinat hineingeben und zusammenfallen lassen, dann mit Muskat, Salz und Pfeffer abschmecken.

Zum Servieren die Polenta auf vier vorgewärmte Suppenteller verteilen, den Spinat in die Mitte geben und die gebratenen Pilze darauf anrichten. Zuletzt mit Schnittlauchröllchen garnieren.

Gorgonzola-Polenta mit jungem Blattspinat und Wildpilzen

Auberginen-Roquefort-Soufflé

FÜR 6 PERSONEN

15 g Parmesan, frisch gerieben
125 ml Olivenöl
3 mittelgroße Auberginen, geschält und fein gewürfelt
150 ml Wasser
1 ordentliche Prise Paprikapulver
75 g Roquefort
40 g (3 EL) Butter, außerdem Butter zum Einfetten der Förmchen oder der Form
40 g Weizenmehl
250 ml Milch, gekocht und abgeseiht
4 Eigelb
6 Eiweiß
Salz
Frisch gemahlener schwarzer Pfeffer

KÄSEALTERNATIVEN

Bleu d'Auvergne, Lanark Blue, Bleu de Causses oder Danablu

Die Zubereitung eines Soufflés stellen sich viele Leute so kompliziert vor, dass sie sich erst gar nicht daranwagen. Hält man sich aber strikt an die Rezeptanweisungen, wird man feststellen, wie einfach die Zubereitung im Grunde ist, und im Handumdrehen hat man ein neues Gericht in seinem Repertoire. Das Auberginen-Roquefort-Soufflé gehört zu meinen Lieblingsspeisen. Sie können jegliches Käse-Soufflé abwandeln, indem Sie einige Käsewürfel beim Einfüllen der Soufflé-Masse in die Mitte geben. Sie schmelzen dann beim Garen des Soufflés zu einer feinen Käsecreme von der Konsistenz eines Fondues.

Sechs Soufflé-Förmchen von 200 ml Fassungsvermögen oder eine große Soufflé-Form von 1,2 l Fassungsvermögen buttern und mit dem geriebenen Parmesan ausstreuen. Die Form(en) drehen und rütteln, bis die Oberfläche gleichmäßig überzogen ist. Überschüssigen Käse abklopfen.

Den Backofen auf 230 °C vorheizen. Das Olivenöl in einer großen Bratpfanne erhitzen und die Auberginenwürfel portionsweise darin goldgelb anbraten. Wenn alle Auberginenwürfel gebräunt sind, alle zusammen in die Pfanne geben, das Wasser angießen und zugedeckt bei milder Hitze bis zu 30 Minuten unter gelegentlichem Rühren garen lassen, bis die Auberginen sehr weich sind. Das Gemüse mit etwas Salz, Pfeffer und Paprikapulver in einen Mixer geben. 50 g Roquefort dazugeben und das Ganze zu einem glatten, dicken Püree verarbeiten. Beiseite stellen.

Die Butter in einem Topf erhitzen, das Mehl einstreuen und bei milder Hitze einige Minuten anschwitzen. Nach und nach die heiße Milch unter ständigem Rühren zugießen, zum Kochen bringen und bei sehr milder Hitze etwa 5 Minuten köcheln lassen. Das Auberginen-Roquefort-Püree unterrühren und leicht abkühlen lassen, dann das Eigelb unterrühren.

Das Eiweiß zu steifem Schnee schlagen. Ein Drittel des Eischnees unter das noch lauwarme Püree heben, um es aufzulockern. Dann den verbliebenen Eischnee unterheben. Die vorbereitete(n) Form(en) zur Hälfte mit der Soufflé-Masse füllen, den restlichen Roquefort zerkrümeln und darüber streuen. Die verbliebene Soufflé-Masse einfüllen und die Ränder der Form(en) sauber wischen. Auf ein Backblech setzen und 20 Minuten backen, bis das Soufflé aufgegangen und schön gebräunt ist. Sofort servieren.

MEIN TIPP So gelingt das Soufflé auf jeden Fall: • Darauf achten, dass die Schüssel zum Eiweißschlagen peinlich sauber und fettfrei ist; am besten mit Zitrone ausreiben, dann unter kaltem Wasser abspülen und mit einem sauberen Geschirrtuch abtrocknen • Eiweiß nicht zu lange schlagen, sonst wird es körnig • Keine Fingerabdrücke am Rand der Form hinterlassen, sonst geht das Soufflé nicht gleichmäßig auf • Soufflés müssen sofort nach dem Backen serviert werden. Bedenken Sie: »Die Gäste sollten auf das Soufflé warten und nicht umgekehrt!«

Aligot (Käse-Kartoffel-Püree)

FÜR 4 PERSONEN

900 g mehlig kochende Kartoffeln
175 ml Milch, gekocht und abgeseiht
5 EL Crème double oder Crème fraîche
50 g (4 EL) Butter
90 g durchwachsener Speck, gewürfelt
450 g frischer, ungereifter Cantal (Tomme fraîche oder Aligot), in feine Streifen geschnitten
Salz
Frisch gemahlener schwarzer Pfeffer

KÄSEALTERNATIVEN

Gruyère, Emmentaler, Fontina und auch Lancashire sind ein annehmbarer Ersatz für den traditionell verwendeten Cantal.

»Aligot« ist ein bäuerliches Gericht aus der Auvergne, dem waldarmen Hochland im südlichen Mittelfrankreich. Es ist herzhaft und sättigend, vor allem in der kalten Jahreszeit, und wird in manchen Gegenden traditionell mit Knoblauch zubereitet. Dazu schmecken Würstchen, geschmortes Fleisch oder Fisch. Probieren Sie einmal Gegrillte Kabeljaufilets auf Käse-Kartoffel-Püree (siehe Seite 104).

Die Kartoffeln schälen und in Salzwasser kochen. Abgießen, gut abdämpfen und möglichst von Hand – entweder durch eine Presse drücken oder mit dem Kartoffelstampfer – pürieren. Dann die Milch, Crème double (oder Crème fraîche) und Butter unterrühren.

In einem separaten Topf den Speck knusprig ausbraten. Das ausgetretene Fett (nicht die Speckwürfel!) unter das Kartoffelpüree rühren und mit Salz und Pfeffer würzen. Bei milder Hitze den Käse mit einem Holzspatel unter das Kartoffelpüree heben. Die Mischung kräftig durchrühren, bis das Püree elastisch wird und schließlich Fäden zieht. Sobald dieses Stadium erreicht ist, das Rühren einstellen und den Aligot sofort servieren.

MEIN TIPP Da der Aligot relativ rasch abkühlt, sollten die Gäste bereits am Tisch sitzen, um unverzüglich mit dem Essen beginnen und es genießen zu können. Vegetarier lassen das Fett vom ausgebratenen Speck weg.

Involtini di Melanzane al Formaggio (Auberginenrouladen mit würziger Käsefüllung)

FÜR 4 PERSONEN

Olivenöl zum Braten
2 große Auberginen, längs in 5 mm dünne Scheiben geschnitten
150 ml passierte Tomaten (als Fertigprodukt erhältlich)
1 Kugel Büffelmilch-Mozzarella, in 5 mm dünne Scheiben geschnitten
Salz
Frisch gemahlener schwarzer Pfeffer

Für die Füllung

100 g Provolone, fein gewürfelt
75 g Pinienkerne
50 g Rosinen, in Wasser gequollen, dann abgetropft
4 EL Olivenöl
2 EL frische Weißbrotkrumen
1 Knoblauchzehe, zerdrückt
2 EL frisch geriebener Parmesan
1 EL gehacktes frisches Basilikum
1 Ei, verschlagen

In meiner Variante des italienischen Klassikers aus Kampanien werden die Auberginenscheiben mit einer Mischung aus Käse, Basilikum und Rosinen bestrichen und dann nicht wie gewohnt geschichtet, sondern aufgerollt. Das Ergebnis ist ein köstliches vegetarisches Hauptgericht.

Den Backofen auf 190 °C vorheizen. Reichlich Olivenöl in einer Bratpfanne erhitzen und die Auberginenscheiben portionsweise darin auf beiden Seiten goldgelb braten, gegebenenfalls noch mehr Öl zugießen. Die Auberginen auf Küchenpapier abtropfen und abkühlen lassen.

Für die Füllung den Provolone mit Pinienkernen, Rosinen, Olivenöl, Brotkrumen, Knoblauch, Parmesan und Basilikum mischen. Mit Salz und Pfeffer abschmecken und die Masse mit dem Ei binden. Die gebratenen Auberginenscheiben auf einer sauberen Arbeitsfläche ausbreiten und die Füllmasse darauf verteilen. Zu Rouladen aufrollen und mit Salz und Pfeffer bestreuen. Eine Auflaufform mit etwas Olivenöl ausstreichen und die Auberginenrouladen dicht nebeneinander hineinsetzen. Die passierten Tomaten darauf verteilen und die Mozzarellascheiben zur Mitte hin anordnen. Mit Olivenöl beträufeln, leicht nachsalzen und pfeffern und den Auflauf im Ofen 25–30 Minuten goldgelb überbacken. Vor dem Servieren etwas abkühlen lassen.

MEIN TIPP Involtini di Melanzane werden gewöhnlich warm gegessen. Einmal aber wurde mir das Gericht von einem italienischen Freund kalt serviert. Dessen Mutter schwört nämlich, dass es am Tag darauf kalt besser schmeckt. Und ich muss ihr Recht geben. Warum probieren Sie es nicht einmal aus und beurteilen es selbst?

INVOLTINI DI MELANZANE AL FORMAGGIO

Zucchini-Käse-Omelett mit Rosmarin

FÜR 4 PERSONEN

2 EL Weizenmehl
3 Eier
450 ml Milch
350 g Zucchini, möglichst gelbe und grüne Früchte gemischt, in 1 cm dicke Scheiben geschnitten
1 Knoblauchzehe, zerdrückt
1 EL gehackter frischer Rosmarin, außerdem einige Rosmarinnadeln zum Garnieren
150 g Cantal, in dünne Scheiben geschnitten
Salz
Frisch gemahlener schwarzer Pfeffer

KÄSEALTERNATIVEN

Cheddar, Gruyère

Bei vielen Leuten wächst ein Rosmarinstrauch im Garten, doch wird das aromatische Kraut im Allgemeinen nur zum Würzen von Lamm verwendet. Dabei passt es ausgesprochen gut zu Zucchini, wie Sie leicht feststellen werden, wenn Sie dieses vegetarische Gericht ausprobieren. Ich empfehle das Zucchini-Käse-Omelett als leichtes Hauptgericht.

Den Backofen auf 200 °C vorheizen. Mehl, Eier und Milch zu einem dünnflüssigen Teig verrühren (oder im Mixer glatt schlagen) und 20 Minuten ruhen lassen. Die vorbereiteten Zucchini 30 Sekunden in Salzwasser blanchieren, dann gründlich abtropfen lassen und trockentupfen. Dachziegelartig auf dem Boden einer gebutterten runden Auflauf- oder Kuchenform von 23 cm Durchmesser auslegen und mit Salz und Pfeffer bestreuen.

Den dünnflüssigen Teig mit dem Knoblauch und dem gehackten Rosmarin würzen und über die Zucchini gießen. Mit den Käsescheiben belegen, ein paar Rosmarinnadeln darüber streuen und das Omelett 30–35 Minuten im Ofen backen, bis es aufgegangen und goldgelb ist. Eher warm als heiß servieren. Das Omelett fällt nach dem Backen wieder etwas zusammen, also kein Grund zur Panik.

MEIN TIPP Dieses Grundrezept lässt sich beliebig abwandeln. Die Zucchini können Sie zum Beispiel durch Muskatkürbis ersetzen oder durch Champignons (in Knoblauch gebraten) oder auch durch eine Mischung aus Kürbis und Pilzen.

ZUCCHINI-KÄSE-OMELETT MIT ROSMARIN

Pan Haggerty von Wintergemüse

FÜR 4 PERSONEN

4 EL Pflanzenöl
1 Zwiebel, in dünne Scheiben geschnitten
200 g Gelbe Kohlrübe (Steckrübe), in streichholzgroße Streifen (Julienne) geschnitten
200 g Weiße Rüben, in streichholzgroße Streifen geschnitten
200 g Kartoffeln, in streichholzgroße Streifen geschnitten
75 g (6 EL) Butter, zerlassen
75 g Cheddar, gerieben
Salz
Frisch gemahlener schwarzer Pfeffer

KÄSEALTERNATIVEN

Isle of Mull oder ein milder Parmesan

Pan Haggerty ist ein in Northumberland beheimatetes Gericht, das normalerweise aus Kartoffeln, Zwiebeln und Käse besteht. Diese wenigen Zutaten werden in eine Bratpfanne geschichtet und auf dem Herd gegart. Meine Variante enthält eine Auswahl an Wurzelgemüsen, die farblich und geschmacklich aufeinander abgestimmt sind und im Ofen gebacken werden. Dazu passt geräucherter Schinken, aber auch ohne Fleisch ist es ein sehr leckeres Essen.

Den Backofen auf 200 °C vorheizen. Das Öl in einer feuerfesten Form erhitzen und die Zwiebelscheiben darin 1–2 Minuten anschwitzen.

Das vorbereitete Wurzelgemüse mit Küchenpapier trockentupfen. Die Zwiebelscheiben mit den Kohlrübenstreifen belegen, großzügig mit zerlassener Butter bestreichen, salzen und pfeffern und mit geriebenem Käse bestreuen. Dann die Weißen Rüben darauf verteilen, mit Salz und Pfeffer und mit Käse bestreuen und wieder mit Butter bestreichen. Als letzte Schicht die Kartoffeln einfüllen, salzen und pfeffern und mit Butter bestreichen. Mit dem restlichen Käse bestreuen und das Gemüse im Ofen etwa 45 Minuten backen, bis es durchgegart ist und sich eine schöne goldgelbe Kruste gebildet hat.

Weiße Rüben mit Mascarpone-Spinat-Füllung

FÜR 4 PERSONEN

4 runde Weiße Rüben (von je 7,5 cm Durchmesser), geschält
50 g (4 EL) Butter
500 g frischer Blattspinat, gewaschen
4 EL Crème double
4 EL Mascarpone
Frisch geriebene Muskatnuss
75 g Beaufort, gerieben
Salz
Frisch gemahlener schwarzer Pfeffer

KÄSEALTERNATIVEN

Cheddar, Cantal oder Gruyère

Diese schlichten, mit Mascarpone gefüllten Rüben esse ich für mein Leben gern. Mascarpone ist ein hochfetter, aber auch sehr guter Frischkäse. Das erste Mal habe ich die Rüben allerdings mit einer Sahne-Gorgonzola-Mischung zubereitet, aber wie es sich für einen leidenschaftlichen Koch gehört, experimentiere ich gern mit den Zutaten. Normalerweise serviere ich die gefüllten Rüben zu Lammbraten – ein echter Genuss! Die Füllung können Sie auch für andere Gemüse verwenden, zum Beispiel für Tomaten, kleine Sommerkürbisse (Mini-Patissons) oder Artischocken.

Den Backofen auf 190 °C vorheizen. Die ganzen Rüben in Salzwasser bissfest garen. Abtropfen und abkühlen lassen, dann längs halbieren. Die Rübenhälften vorsichtig mit einem Löffel aushöhlen, darauf achten, dass die Ränder heil bleiben. Innen mit Salz und Pfeffer würzen.

Die Butter in einer Bratpfanne erhitzen, den tropfnassen Spinat hineingeben und in 3–4 Minuten zusammenfallen lassen. Die Crème double und den Mascarpone unterrühren und mit Muskat, Salz und Pfeffer abschmecken. Die Rübenhälften mit dieser Mischung füllen.

Die gefüllten Rüben in eine ofenfeste Form geben und mit dem geriebenen Käse bestreuen. 10–12 Minuten im Ofen backen, bis der Käse schön gebräunt ist. Sofort servieren.

Kräuter-Käse-Würstchen

FÜR 4 PERSONEN

175 g Lancashire, gerieben
250 g frische Weißbrotkrumen, außerdem
100 – 150 g Weißbrotkrumen zum Panieren
2 Frühlingszwiebeln oder kleine Lauchstangen, fein gehackt
1 TL Senfpulver
1 TL frische Thymianblättchen
1 TL gehackter frischer Rosmarin
Frisch geriebene Muskatnuss
2 Eier, getrennt
Mehl zum Bestäuben
Pflanzenöl zum Frittieren oder Braten
Salz
Frisch gemahlener schwarzer Pfeffer

KÄSEALTERNATIVEN

Cantal, Gruyère, Fontal

Die fleischlosen Würstchen aus Wales sind im angelsächsischen Raum auch als »Glamorgan sausages« bekannt und werden gewöhnlich mit Caerphilly-Käse oder Cheddar und Lauch zubereitet. Am liebsten esse ich sie aber mit Kirkham's Lancashire. Reichen Sie die »Würstchen« mit einer Tomatensauce oder einem Chutney.

Den Käse mit Brotkrumen, Frühlingszwiebeln oder Lauch, Senfpulver und Kräutern mischen. Mit Muskat, Salz und Pfeffer abschmecken, dann das Eigelb unterrühren und das Ganze zu einer dicken, weichen Paste verkneten. Gut durchkühlen lassen, dann aus der Masse 12 Würstchen formen.

Das Eiweiß schaumig schlagen. Die Würstchen in Mehl wenden, dann in den Eischaum tauchen und zuletzt in den Brotkrumen wälzen, bis sie gleichmäßig mit Panade überzogen sind. Die Würstchen 3 – 4 Minuten frittieren oder braten, bis sie goldgelb und knusprig sind; zwischendurch hin und wieder wenden. Auf Küchenpapier abtropfen lassen und heiß servieren.

Kräuter-Käse-Würstchen

Käse-Mais-Pudding mit Gemüsesauce

FÜR 4 PERSONEN

50 g (4 EL) Butter, außerdem etwas Butter zum Einfetten
1 Zwiebel, fein gehackt
1 großer Maiskolben
350 ml Milch
50 g Weizenmehl
1/2 TL Senf
125 g Lancashire, gerieben
Frisch geriebene Muskatnuss
4 Eier, getrennt
Salz
Frisch gemahlener schwarzer Pfeffer

Für die Gemüsesauce

125 ml Gemüsefond (Rezept S. 16)
125 g Butter, gekühlt und gewürfelt
2 Tomaten, enthäutet, entkernt und gehackt
50 g Dicke Bohnen, gekocht
10 frische Basilikumblättchen, zerpflückt

KÄSEALTERNATIVEN

Cantal, Fontina

Die Briten haben eine Vorliebe für Puddings, die allerdings mit der gleichnamigen deutschen Nachspeise nichts gemein haben. Dieser Pudding hat eher die Konsistenz eines luftigen Soufflés. Weicher in der Konsistenz und schneller reif als Cheddar, ist der Lancashire der ideale Käse zum Überbacken.

Den Backofen auf 180 °C vorheizen. 25 g von der angegebenen Buttermenge in einem schweren Topf erhitzen, die Zwiebel hineingeben und zugedeckt anschwitzen. Mit einem Messer von oben nach unten am Maiskolben entlangschneiden, um die Körner abzutrennen. Die Maiskörner zu der Zwiebel geben und 5 Minuten mitgaren. In der Zwischenzeit das Mittelstück vom Maiskolben klein hacken und mit der Milch in einen Topf geben. Zum Kochen bringen und 5 Minuten köcheln lassen, dann die Milch abseihen.

Die gegarten Maiskörner und die Zwiebel aus dem Topf nehmen. 25 g von den Maiskörnern für die Gemüsesauce beiseite stellen. Die restliche Butter in den Topf geben, das Mehl einstreuen und 1–2 Minuten anschwitzen. Die aromatisierte Milch nach und nach unter ständigem Rühren an die Mehlschwitze gießen, bis eine dickflüssige Sauce entsteht. Den Senf, den Käse, die Zwiebel und die Maiskörner unterrühren und die Sauce mit Muskat, Salz und Pfeffer abschmecken. Von der Kochstelle nehmen und leicht abkühlen lassen, dann das Eigelb unterrühren.

Das Eiweiß steif schlagen. Ein Drittel des Eischnees unter die Grundmischung heben, um sie aufzulockern, dann den restlichen Eischnee unterheben.

Vier Soufflé-Förmchen von 200 ml Fassungsvermögen buttern und zu zwei Drittel mit der Soufflé-Masse füllen. Die Förmchen in eine Fettpfanne stellen, die so viel heißes Wasser enthält, dass die Förmchen mindestens zur Hälfte im Wasser stehen. 20 Minuten im Ofen backen, bis die Masse aufgegangen und durchgebacken ist.

In der Zwischenzeit die Gemüsesauce zubereiten: Den Fond in einem kleinen Topf aufkochen und 2 Minuten leise köcheln lassen. Von der Kochstelle nehmen und die gekühlte Butter stückchenweise unterschlagen, so dass sie schmilzt und sich mit der Flüssigkeit vollständig vermengt. Die Tomaten, die Dicken Bohnen, die zurückbehaltenen Maiskörner und das Basilikum unterrühren. Die Sauce mit Salz und Pfeffer abschmecken.

Den gegarten Pudding in der Form leicht abkühlen lassen, dann auf Servierteller stürzen. Den Käse-Mais-Pudding mit der Gemüsesauce umgießen und sofort zu Tisch bringen.

MEIN TIPP Soufflés gelingen meines Erachtens am besten mit Eiern, die etwa eine Woche alt sind. Eine Erklärung kann ich Ihnen dafür nicht geben. Und noch etwas: Lassen Sie die Käse-Mais-Mischung nicht völlig erkalten, bevor Sie den Eischnee unterheben, sonst geht die Masse beim Garen nicht richtig auf.

Kartoffelplätzchen mit Ricotta und Schnittlauch

FÜR 4 PERSONEN

700 g Kartoffeln
50 g (4 EL) Butter
2 Schalotten, fein gehackt
75 g Weizenmehl
1 Ei
1 Eigelb
75 g feste Ricotta
2 EL Schnittlauchröllchen
Frisch geriebene Muskatnuss
4 EL geklärte Butter (siehe Tipp Seite 83) oder Pflanzenöl
Salz
Frisch gemahlener schwarzer Pfeffer

KÄSEALTERNATIVEN

Frischer Ziegenkäse oder ein geriebener Hartkäse

Ein einfaches Gemüsegericht, das aber fantastisch schmeckt und gut zu Fleisch oder Fisch passt. Mit pochiertem Ei und Sauce hollandaise können Sie die Plätzchen als eine Abwandlung der Eier Benedikt zum Brunch servieren.

Die Kartoffeln in der Schale in Salzwasser kochen, dann abgießen und gründlich abtropfen lassen. Die Knollen schälen und noch heiß durch eine Presse drücken. Es werden 500 g Püree benötigt. Die Butter in einem Topf erhitzen und die Schalotten darin anschwitzen, ohne dass sie bräunen. Das Mehl einstreuen und 1 Minute bei milder Hitze mit anschwitzen. Die Mehlschwitze von der Kochstelle nehmen, das Ei sowie das Eigelb unterschlagen und dann die Kartoffeln, die Ricotta und den Schnittlauch unterrühren. Die Masse mit Muskat, Salz und Pfeffer abschmecken und abkühlen lassen.

Aus der Kartoffelmasse acht Plätzchen formen und im heißen Fett 4–5 Minuten auf jeder Seite goldgelb braten. Sofort servieren.

MEIN TIPP Wenn Sie die Kartoffelmasse zu kleinen Kugeln formen und dann in siedendem Salzwasser ziehen lassen, erhalten Sie köstliche Gnocchi. Die können Sie dann in eine Auflaufform geben und, übergossen mit einer würzigen Tomatensauce und bestreut mit geriebenem Parmesan oder Gruyère, im Ofen überbacken.

Kartoffelpüree mit Ziegenkäse und Petersilie

FÜR 4 PERSONEN

750 g Kartoffeln, geschält und in dicke Stücke geschnitten
250 ml Milch, erwärmt
50 g (4 EL) weiche Butter
100 g weicher Ziegenkäse (Chèvre long), durch ein Sieb gestrichen
2 EL gehackte glatte Petersilie
Frisch geriebene Muskatnuss
Salz
Frisch gemahlener schwarzer Pfeffer

Dieses würzige Kartoffelpüree mit Käse schmeckt vorzüglich zu gebratenem oder gegrilltem Hähnchen oder auch Lamm.

Die Kartoffeln in kaltem Wasser aufsetzen und zum Kochen bringen, dann bei milder Hitze gar werden lassen. Die Kartoffeln abtropfen lassen und noch heiß durch eine Presse drücken oder zu Brei stampfen.

Die erwärmte Milch und die Butter mit einem Schneebesen unterrühren, dann den Ziegenkäse und die Petersilie unterheben. Mit Muskat, Salz und Pfeffer abschmecken und sofort servieren.

MEIN TIPP Für die Zubereitung von Kartoffelpüree gibt es meiner Ansicht nach keine bessere Kartoffelsorte als Désirée, denn sie hat ein leicht mehliges Fruchtfleisch und schmeckt gut. Es lohnt sich, beim Gemüsehändler danach zu fragen.

Kohlrübenpüree mit Cheddar und Pfefferbutter

FÜR 4 PERSONEN

700 g Gelbe Kohlrübe (Steckrübe), geschält und fein gewürfelt
2 EL Olivenöl
4 EL Milch
100 g milder Cheddar, gerieben
65 g (5 EL) Butter
1 TL zerstoßener schwarzer Pfeffer (siehe Tipp)
Salz

Bei Kohlrüben werden vielerorts Erinnerungen an schlimme Zeiten wach, doch richtig zubereitet sind sie ein sehr schmackhaftes Gemüse. Während derzeit Kartoffelpüree noch voll im Trend liegt, ist es morgen vielleicht schon Kohlrübenpüree. Es schmeckt auch gut von Weißen Rüben.

Die Kohlrübenwürfel in Salzwasser garen, dann gründlich abtropfen lassen. Mit dem Öl und der Milch im Mixer fein pürieren. Das Püree in einen sauberen Topf umfüllen und erhitzen, dann den Cheddar und 15 g (1 Esslöffel) von der Butter unterrühren.

Die verbliebene Butter mit den grob zerstoßenen Pfefferkörnern in einem Topf zerlassen, über das Püree gießen und sofort servieren.

MEIN TIPP Wenn Sie keinen Mörser zur Hand haben, zerkleinern Sie die Pfefferkörner in einer kleinen Schüssel mit dem grifflosen Ende eines Rollholzes. Es geht aber auch mit dem glatten Teil eines Fleischklopfers und einem Küchenbrett.

KOHLRÜBENPÜREE MIT CHEDDAR UND PFEFFERBUTTER

Kapitel 7

Flambierte Ricotta-Creme mit gekühlten Sommerbeeren

FÜR 4 PERSONEN

250 g feste Ricotta
50 g extrafeiner Zucker, bei Bedarf auch etwas mehr
125 ml Sambuca
100 ml Crème double, leicht geschlagen
200 g gemischte Beeren wie Himbeeren, Erdbeeren und rote Johannisbeeren, gut gekühlt
75 g weiße Schokolade, gehobelt (nach Belieben)

Dieses cremige Dessert wird mit Sambuca flambiert, einem italienischen Anislikör. Falls Sie diese Spirituose nicht zur Hand haben, können Sie auf einen Fruchtbrandy oder einen gewöhnlichen Weinbrand ausweichen. Die schlichte Creme eignet sich vorzüglich als krönender Abschluss einer Grillparty.

Die Ricotta mit Zucker und 3 Esslöffeln von der angegebenen Sambucamenge cremig aufschlagen. Die Sahne vorsichtig unterheben und die Creme in eine Servierschüssel umfüllen. Mindestens 4 Stunden in den Kühlschrank stellen.

Kurz vor dem Servieren den restlichen Sambuca in einem Pfännchen stark erhitzen und über die Ricotta-Creme gießen. Mit einem Streichholz anzünden. Sobald die Flammen verlöscht sind, die gut gekühlten Beerenfrüchte auf der Creme anrichten. Nach Belieben mit weißen Schokoladenspänen garnieren und sofort servieren.

MEIN TIPP Reichen Sie doch einmal einen frischen Beeren-Coulis zu der Creme. Geröstete Mandelblättchen und ein Minzezweig als Garnitur sind eine hübsche Alternative zu den Schokoladenspänen.

Frischkäse-Sorbet auf Rhabarberkompott

FÜR 4 PERSONEN

350 ml Rotwein
4 EL Grenadine oder Granatapfelsirup
Saft und abgeriebene Schale von
1 unbehandelten Orange
1 Zimtstange
75 g extrafeiner Zucker
750 g Rhabarber, geschält und in 5 cm
lange Stücke geschnitten

Für das Frischkäse-Sorbet

500 ml Milch
175 g extrafeiner Zucker
Saft und abgeriebene Schale von 1 kleinen
unbehandelten Orange
175 g Mascarpone

Wenn Sie den interessanten Kontrast von warm und kalt lieben: Servieren Sie das Rhabarberkompott warm zum kalten Sorbet.

Für das Sorbet die Milch mit Zucker, Orangensaft und -schale in einem Topf zum Kochen bringen. Den Zucker unter Rühren auflösen, dann den Topf von der Kochstelle nehmen und die Flüssigkeit abkühlen lassen. Die aromatisierte Milch unter den Mascarpone rühren. Die Sorbet-Masse in eine Eismaschine füllen und nach den Anweisungen des Herstellers gefrieren lassen.

Falls keine Eismaschine vorhanden ist, die Masse in eine flache Schale füllen und ins Gefrierfach stellen. Nach etwa 30 Minuten die inzwischen angefrorene Masse herausnehmen und mit einem elektrischen Mixer oder einem Schneebesen kräftig durchschlagen, um die Eiskristalle aufzulösen, dann zurück ins Gefrierfach stellen. Diesen Vorgang noch zwei- bis dreimal wiederholen und dann die Eismasse gefrieren lassen.

Für das Kompott den Wein mit Grenadine, Orangensaft und -schale, Zimtstange und Zucker in einem Topf zum Kochen bringen und die Flüssigkeit um die Hälfte einkochen lassen. Den Rhabarber hinzufügen und 5 Minuten leise köcheln lassen, bis er weich ist, aber noch nicht zerfällt. In eine Schüssel umfüllen und abkühlen lassen, dann zum Durchkühlen in den Kühlschrank stellen. Von dem fertigen Sorbet Kugeln abstechen, auf dem Rhabarberkompott platzieren und servieren.

FRISCHKÄSE-SORBET AUF
RHABARBERKOMPOTT

Mein liebster Muntermacher

FÜR 4 PERSONEN

2 Eier
50 g extrafeiner Zucker
2 EL Kahlua (mexikanischer Kaffeelikör) oder Kaffee-Extrakt
100 g Mascarpone
100 ml Crème double, leicht geschlagen
90 ml starker Espresso
8 Löffelbiskuits, in 1 cm große Würfel geschnitten
1 Orange, geschält, weiße Haut entfernt, entkernt und filetiert zum Garnieren

Für die Orangensauce

100 g extrafeiner Zucker
Saft von 2 großen Orangen
Abgeriebene Schale von 1 großen unbehandelten Orange
2 EL Grand Marnier

Hierbei handelt es sich um eine frostige Variante des überaus beliebten italienischen Desserts Tiramisù, das übersetzt »Zieh-mich-rauf« heißt. Dazu gibt es eine erfrischende Orangensauce. Ebenso gut schmeckt ein schwarzer Kaffee oder auch eine Schokoladensauce.

Die Eier mit Zucker und Kaffeelikör in eine Schüssel geben. Die Schüssel auf einen Topf mit siedendem Wasser setzen; darauf achten, dass der Schüsselboden das Wasser nicht berührt. Die Mischung erwärmen und dabei mit einem elektrischen Handmixer aufschlagen, bis eine blassgelbe, dickliche Creme entstanden ist, die ihr Volumen verdoppelt hat. Die Schüssel aus dem Wasserbad nehmen und die Creme weiterschlagen, bis sie kalt ist.

Den Mascarpone leicht erwärmen, dann behutsam unter die aufgeschlagene Creme heben; den Frischkäse gleichmäßig verteilen, damit keine Klumpen entstehen. Als Nächstes die leicht geschlagene Sahne unterziehen.

Den Espresso in eine flache Schale gießen und die gewürfelten Löffelbiskuits darin 1 Minute ziehen lassen. Vier Metallringe von je 6 cm Durchmesser und 5 cm Höhe auf ein Backblech legen. Die Löffelbiskuits und die Mascarpone-Creme bis zum oberen Rand einschichten, die Oberfläche mit einem Palettmesser glatt streichen und das Backblech mindestens 3 Stunden, besser noch über Nacht, ins Gefrierfach stellen.

Für die Orangensauce den Zucker in einem schweren Topf bei mittlerer Hitze unter ständigem Rühren auflösen, bis er karamellisiert. Den Orangensaft vorsichtig zugießen – Vorsicht Spritzgefahr! – und die abgeriebene Orangenschale zugeben. In diesem Stadium erstarrt die Flüssigkeit. Die Hitzezufuhr reduzieren und 2–3 Minuten köcheln lassen, bis sich der Zucker wieder auflöst. Den Grand Marnier unterrühren, dann die Sauce durch ein feinmaschiges Sieb gießen. Abkühlen lassen und bis zur weiteren Verwendung in den Kühlschrank stellen.

Zum Servieren das gefrorene »Tiramisù« auf Dessertteller stürzen und mit der gut durchgekühlten Orangensauce umgießen. Zuletzt mit Orangenspalten garnieren.

MEIN TIPP Wenn Sie keine Metallringe besitzen, können Sie stattdessen auch Soufflé-Förmchen verwenden. Allerdings hat das Dessert dann nach dem Stürzen keinen so schönen glatten Rand. Im Notfall nehmen sogar Profiköche auch schon mal passend zurechtgeschnittene Stücke eines noch unbenutzten Plastikregenrohrs!

Ziegenkäse-Mousse mit Ananas-Confit

FÜR 6–8 PERSONEN

1 kleine Ananas
200 g extrafeiner Zucker
300 ml Wasser
600 g milder Ziegenfrischkäse wie Sainte-Maure oder Lingot blanc
200 g Puderzucker
250 ml Crème double, leicht geschlagen

Für die Sauce

200 g frische oder tiefgefrorene schwarze Johannisbeeren, außerdem einige Beeren zum Garnieren
Saft von 1 Orange
Zucker nach Geschmack

Dieses Dessert habe ich bereits in einem meiner früheren Bücher vorgestellt. Da es in der Kombination mit Ziegenfrischkäse bei meinen Gästen überaus beliebt ist, gebührt ihm auch ein Platz im Käsekochbuch.

Die schuppige Schale der Ananas ringsum abschneiden und das Fruchtfleisch in Scheiben schneiden, dann die holzige Mitte herausschneiden. Den Zucker mit dem Wasser in einem Topf aufsetzen und unter Rühren erhitzen, bis sich der Zucker aufgelöst hat, dann die Zuckerlösung zum Kochen bringen. Die Ananasringe in den heißen Sirup geben und bei reduzierter Hitzezufuhr etwa 45 Minuten leise köcheln lassen, bis das Fruchtfleisch fest wird und glasig aussieht. Die Ananasringe im Sirup auskühlen lassen. (Die kandierten Früchte können im Voraus zubereitet werden; sie bleiben im Kühlschrank einige Tage lang frisch.)

Den Ziegenkäse mit dem Puderzucker in einer Küchenmaschine zu einer glatten Creme aufschlagen, dann in eine Schüssel umfüllen. Die Ananasringe gründlich abtropfen und trocknen lassen, dann in sehr kleine Würfel schneiden und unter die Käsecreme rühren. Die fertige Creme mindestens 4 Stunden oder über Nacht im Kühlschrank fest werden lassen.

Für die Sauce die schwarzen Johannisbeeren mit dem Orangensaft und dem Zucker im Mixer fein pürieren. Die Sauce durch ein feines Sieb streichen.

Die Mousse entweder in einer großen Glasschüssel servieren und die Sauce getrennt dazu reichen oder die Mousse mit Hilfe von zwei Esslöffeln zu ovalen Klößchen formen, auf Desserttellern anrichten und mit der Sauce umgießen. Mit schwarzen Johannisbeeren garnieren.

Ziegenfrischkäse-Eiscreme

FÜR 8 PERSONEN

500 ml Milch
125 ml Crème double
4 Eigelb
1 Ei
90 g extrafeiner Zucker
125 g milder Ziegenfrischkäse wie Sainte-Maure oder Chavroux

Sie werden sich vielleicht über den Ziegenkäse in der Eiscreme wundern, aber er verleiht der Zubereitung einen feinen, mild-säuerlichen Geschmack. Diese Eiscreme passt wunderbar zu Kirschen – versuchen Sie einmal die Kombination mit warmem Kirschkuchen, beispielsweise einem französischen Clafoutis. Mein Rezept enthält zwar Anweisungen für das Gefrieren ohne Eismaschine, doch für glatte und geschmeidige Eiscremes und Sorbets brauchen Sie unbedingt eine Eismaschine. Ein solches Gerät ist inzwischen relativ preiswert und eine lohnende Anschaffung mit unbegrenzten Möglichkeiten.

Die Milch mit der Sahne zum Kochen bringen. Das Eigelb, das ganze Ei und den Zucker zu einer dicklichen, blassgelben Creme aufschlagen. Die warme Sahnemilch nach und nach unter die Eiercreme rühren. Die Mischung zurück in den Topf geben und bei milder Hitze mit einem Holzlöffel rühren, bis diese am Löffel haften bleibt. Nicht kochen lassen, sonst gerinnt das Eigelb. Den Topf von der Kochstelle nehmen und den Ziegenfrischkäse unterrühren, bis er geschmolzen ist. Die Masse durch ein feines Sieb streichen und abkühlen lassen.

Die Masse in eine Eismaschine füllen und nach Vorschrift gefrieren lassen. Oder, falls keine Eismaschine vorhanden ist, verfahren, wie es auf Seite 150 genau beschrieben ist.

Brie-Eiscreme mit Datteln, Walnüssen und Butterscotch-Sauce

FÜR 8 PERSONEN

Zutaten wie für Ziegenfrischkäse-Eiscreme (siehe oben), den Ziegenkäse aber durch 125 g halb gereiften Brie ersetzen
150 g Datteln, entsteint und in schmale Streifen geschnitten
2 EL Walnüsse, grob zerkleinert

Für die Butterscotch-Sauce

75 g brauner Rohrzucker
90 ml Crème double
75 g (6 EL) Butter
½ TL Vanilleextrakt

Das ist genau das richtige Dessert für Schleckermäuler: gehaltvoll, süß und unwiderstehlich. Was die Datteln betrifft, sollten Sie nur beste Ware kaufen, um der feinen Speise gerecht zu werden.

Den Brie entrinden und klein schneiden. Die Eismasse wie oben beschrieben zubereiten und gefrieren lassen.

Alle Zutaten für die Sauce in einen schweren Topf geben und bei mittlerer Hitze 3–5 Minuten unter ständigem Rühren kochen, bis die Sauce die Farbe von hellem Karamell annimmt. Abkühlen lassen und dann kühl stellen.

Zum Servieren je zwei Bällchen Eiscreme in einem Stielglas anrichten und mit Datteln und Walnüssen bestreuen. Mit gut gekühlter Butterscotch-Sauce übergießen.

BRIE-EISCREME MIT DATTELN, WALNÜSSEN UND BUTTERSCOTCH-SAUCE

Panna »Ri-cotta«

FÜR 4 PERSONEN

150 ml Crème double
75 g extrafeiner Zucker
Abgeriebene Schale von ½ unbehandelten Orange
100 ml frisch zubereiteter starker Kaffee, vorzugsweise Espresso
1 Vanilleschote, aufgeschlitzt
2 Blatt Gelatine
2 EL Rum
200 g feste Ricotta, durch ein Sieb gestrichen
Frische Minzezweige zum Garnieren (nach Belieben)

Für das Aprikosenkompott

75 g extrafeiner Zucker
90 ml Wasser
Saft von ½ Zitrone
350 g frische Aprikosen, entsteint und in Spalten geschnitten

Panna cotta – übersetzt »gekochte Sahne« – ist ein klassisches Sahnedessert aus dem Piemont, das wie ein Flan gestürzt wird und seine Festigkeit der Zugabe von Gelatine verdankt. Da dieses Rezept jedoch Ricotta enthält, habe ich es Panna »Ri-cotta« genannt. Was diese Süßspeise weiterhin vom Original unterscheidet, ist der feine Kaffeegeschmack und das frische Aprikosenkompott, das dazu gereicht wird.

Milch, Sahne, Zucker und abgeriebene Orangenschale in einem Topf zum Kochen bringen. Den frisch gebrühten Kaffee und das aus der Schote gekratzte Vanillemark unterrühren, dann die Vanilleschote ebenfalls zugeben. Den Topf von der Kochstelle nehmen und den Inhalt abkühlen lassen. In der Zwischenzeit die Blattgelatine in einem Topf mit kaltem Wasser bedecken und 5 Minuten einweichen. Wasser abgießen, dann die Gelatine bei milder Hitze auflösen.

Die Vanilleschote aus der Sahnemilch herausnehmen und den Rum, die durch ein Sieb gestrichene Ricotta und die aufgelöste Gelatine unterrühren. Die Masse durch ein feines Sieb streichen, dann auf vier Soufflé-Förmchen oder dergleichen verteilen und mindestens 2 Stunden im Kühlschrank fest werden lassen.

Für das Kompott den Zucker mit Wasser und Zitronensaft in einen Topf geben und unter Rühren langsam zum Kochen bringen, bis sich der Zucker aufgelöst hat. Die Hitzezufuhr reduzieren, die Aprikosenspalten zugeben und in etwa 5 Minuten garziehen lassen. Von der Kochstelle nehmen und abkühlen lassen, anschließend kühl stellen.

Die gut durchgekühlte Ricotta-Creme entweder auf Dessertteller stürzen, mit dem Kompott umgießen und nach Belieben mit Minzezweigen garnieren. Oder die Creme in den Förmchen servieren und das Kompott getrennt dazu reichen.

Baisers »Pawlowa« mit Quark-Nougat-Füllung und kandierten Ananasringen

Für diese gehaltvolle Komposition wird selbst gemachter Nougat zerstoßen und unter eine Mischung aus Quark und Sahne gerührt, die dann in knusprige Baiser-Schalen gefüllt wird. Als Garnitur erhalten die Baisers »Pawlowa« kandierte Ananasringe. Das Rezept klingt recht kompliziert, ist es aber nicht, denn alle Bestandteile des Desserts können im Voraus zubereitet werden.

FÜR 6 PERSONEN

4 Eiweiß
225 g extrafeiner Zucker
1 TL Essig
200 g Quark
200 ml Crème double

Für den Nougat

75 g extrafeiner Zucker
75 g Haselnüsse, gehackt
75 g Mandelblättchen

Für die kandierten Ananasringe

100 g extrafeiner Zucker
200 ml Wasser
1 kleine reife Ananas, geschält, die holzige Mitte entfernt und in dünne Ringe geschnitten

Die Baisers können am Vortag gebacken werden. Dazu den Backofen auf 110 °C vorheizen. Das Eiweiß mit einem Handmixer zu steifem Schnee schlagen, bis der Eischnee glänzt und sich kleine Spitzen bilden, dann nach und nach zwei Drittel der Zuckermenge und den Essig unterschlagen. Den restlichen Zucker von Hand unterrühren. Sechs Metallringe von 7,5 cm Durchmesser auf ein Backblech setzen und die Baiser-Masse gleichmäßig darin verteilen (oder entsprechend große Rosetten auf Backpapier spritzen). Die Metallringe vorsichtig entfernen und die Baiser-Masse 1–1½ Stunden im Backofen mehr trocknen als backen, bis sie außen knusprig sind. Im ausgeschalteten Backofen erkalten lassen.

Für den Nougat den Zucker bei mittlerer Hitze in einem schweren Topf schmelzen, dann bei erhöhter Hitzezufuhr zu goldbraunem Karamell kochen. Die gehackten Nüsse und die Mandelblättchen mit einem Holzlöffel unterrühren, das Ganze auf ein leicht geöltes Backblech gießen, gleichmäßig verstreichen und fest werden lassen. Den erstarrten Nougat in eine Plastiktüte geben und mit einem Fleischklopfer in kleine Stücke brechen oder in einer Küchenmaschine zerkleinern.

Zum Kandieren Zucker und Wasser in einem Topf zum Kochen bringen. Die Ananasringe in den heißen Sirup geben und bei milder Hitze 30–45 Minuten leise köcheln lassen, bis die Ringe glasig aussehen. Im Sirup erkalten, dann abtropfen lassen.

Den Quark mit der Sahne verrühren, dann den Nougatbruch unterheben; 50 g (etwa 2 Esslöffel) zum Garnieren der Baisers zurückbehalten.

Zum Servieren die Baisers umdrehen und vorsichtig aushöhlen, so dass nur eine dünne Schale übrig bleibt. Die Schalen mit der Quarksahne füllen, auf sechs Dessertteller verteilen und mit den kandierten Ananasringen garnieren. Mit Ananassirup beträufeln und die restlichen Nougatstückchen darüber streuen.

Crème brûlée von Mascarpone mit Schokolade

FÜR 4 PERSONEN

425 g Mascarpone
175 g extrafeiner Zucker
6 Eigelb
50 g beste Bitterschokolade
Puderzucker zum Bestäuben

Das fertige Dessert sieht aus wie eine klassische Crème brûlée, doch wenn man die knusprige Karamellkruste aufbricht, kommt eine dünne Schokoladenschicht zum Vorschein. Als weitere Überraschung könnten Sie zum Beispiel eine Hand voll Himbeeren auf dem Boden jedes Förmchens verstecken.

Den Backofen auf 140 °C vorheizen. Den Frischkäse mit zwei Drittel der Zuckermenge und dem Eigelb leicht aufschlagen und anschließend durch ein Sieb streichen. Die Masse auf vier Soufflé-Förmchen verteilen und diese in einen mit mehreren Lagen Papier ausgelegten Bräter setzen (das Papier verhindert ein Überhitzen der Masse am Boden der Förmchen). Kochend heißes Wasser in den Bräter gießen, bis die Förmchen zur Hälfte im Wasser stehen, und die Creme 30–35 Minuten im Ofen garziehen lassen, bis sich die Oberfläche fest anfühlt. Die Förmchen aus dem Wasserbad nehmen und abkühlen lassen, dann mehrere Stunden kühl stellen.

Die Schokolade schmelzen und jeweils die gut durchgekühlte Creme mit einer dünnen Schicht Schokolade überziehen. Für weitere 15 Minuten in den Kühlschrank stellen, bis die Schokolade erstarrt ist, dann mit dem restlichen Zucker bestreuen. Die Förmchen unter den auf höchster Stufe vorgeheizten Grill stellen, bis der Zucker schmilzt und karamellisiert, dann abkühlen lassen. Die Ränder vor dem Servieren mit Puderzucker bestäuben.

MEIN TIPP Zum Überkrusten muss die Creme nicht unbedingt unter den heißen Grill. Man kann dafür auch eine kleine Lötlampe zu Hilfe nehmen – eine sehr effektive Maßnahme!

Pochierte Feigen mit Ziegenkäse-Füllung und süßer Weinsauce

FÜR 4 PERSONEN

16 reife, aber feste Feigen
100 g Sainte-Maure
50 g Mascarpone
Abgeriebene Schale von 1 unbehandelten Zitrone
2 EL extrafeiner Zucker

Für die Weinsauce

100 g extrafeiner Zucker
1 Flasche Merlot (oder anderer Rotwein)
1 Zimtstange

KÄSEALTERNATIVEN

Jeder weiche Ziegenfrischkäse ist geeignet, zum Beispiel ein milder Selles-sur-Cher oder Banon aus der Provence.

Violette Feigen eignen sich am besten für dieses Dessert, das ich im Sommer gern mit einer Hand voll frischen Beeren garniere.

Für die Sauce den Zucker mit dem Wein und der Zimtstange in einen Topf geben, in dem die Feigen nebeneinander Platz haben. Die Flüssigkeit unter Rühren langsam aufkochen, bis sich der Zucker aufgelöst hat, und 4–5 Minuten leise köcheln lassen. Die Feigen zugeben und in 4–5 Minuten so eben garziehen lassen. Die pochierten Feigen mit einem Schaumlöffel herausheben und die Flüssigkeit um die Hälfte einkochen lassen.

Vier Feigen im Mixer glatt pürieren und mit dem eingekochten Sirup zu einer dickflüssigen Sauce verdünnen. Abseihen und kühl stellen.

Den Ziegenkäse mit Mascarpone, abgeriebener Zitronenschale und Zucker verrühren. Von den 12 verbliebenen Feigen den oberen Teil abschneiden, die Feigen mit der Käsemasse großzügig füllen – sie sollte etwas über den Rand der unteren Feigenhälfte hinausstehen – und den abgeschnittenen Teil als Deckel wieder auflegen.

Jeweils drei gefüllte Feigen auf einem Dessertteller anrichten, mit der Sauce umgießen und servieren.

POCHIERTE FEIGEN MIT ZIEGENKÄSE-FÜLLUNG UND SÜSSER WEINSAUCE

Gebackene Pfeffer-Karamell-Birnen mit Labna

FÜR 4 PERSONEN

250 g griechischer Joghurt (mit Lebendkulturen)
1/2 TL gemahlener Zimt
125 g brauner Rohrzucker
175 ml Wasser
1 Zimtstange, in 3 Stücke gebrochen
1/4 TL zerstoßener schwarzer Pfeffer (siehe Tipp Seite 146)
4 reife, aber feste Birnen (Williams Christ)
50 g (4 EL) Butter
90 ml Poire William oder Weinbrand

KÄSEALTERNATIVEN

Auch Blauschimmelkäse oder Quark harmonieren gut mit Birnen.

Der Karamell ist ein reizvoller Kontrast zum säuerlichen Joghurt. Beides zusammen ergibt ein Dessert von ungeahnter Geschmacksfülle. Für das im Grunde recht einfache Rezept müssen allerdings 3 – 4 Tage im Voraus erste Vorbereitungen getroffen werden, denn so lange braucht der Joghurt zum Abtropfen.

Den Joghurt mit dem gemahlenen Zimt mischen und 3 – 4 Tage durch ein Mulltuch abtropfen lassen, wie im Labna-Rezept auf Seite 185 beschrieben.

Den Backofen auf 180 °C vorheizen. Den Zucker in einem schweren Topf bei milder Hitze schmelzen. Die Hitzezufuhr erhöhen, bis der Zucker leicht karamellisiert, dann vorsichtig das Wasser zugießen – Vorsicht Spritzgefahr! – und die Zimtstange und die zerstoßenen Pfefferkörner zugeben. In 10 – 12 Minuten zu einem leichten Sirup einkochen.

Die Birnen behutsam schälen, halbieren, vom Kerngehäuse befreien, dabei den Stiel nicht beschädigen.

Die Butter in einer großen, flachen, feuerfesten Kasserolle oder einer ofenfesten Bratpfanne erhitzen und die Birnenhälften mit der Schnittfläche nach unten darin kurz anbraten. Den Alkohol darüber gießen, die Birnen wenden, dann mit dem Sirup übergießen. Die Form in den Ofen schieben und die Birnen 40 Minuten backen, sie zwischendurch ein- bis zweimal mit dem Sirup begießen, um sie leicht zu glasieren. Aus dem Ofen nehmen und bei Raumtemperatur abkühlen lassen.

Zum Servieren jede Birnenhälfte mit einem Löffel Labna füllen.

Quark-Tarte mit Backpflaumen und weißer Schokolade

FÜR 4–6 PERSONEN

½ Rezept süßer Auslegeteig (S. 21)
100 g weiße Schokolade
2 Blatt Gelatine
5 EL trockener Weißwein
Saft und abgeriebene Schale von
1 unbehandelten Orange
4 Eigelb
25 g extrafeiner Zucker
125 g Speisequark
150 ml Crème double, leicht geschlagen
10 Backpflaumen, über Nacht in 4 EL
Armagnac oder Weinbrand eingeweicht

KÄSEALTERNATIVE

Schichtkäse

Für diese Tarte sollten Sie nur qualitativ hochwertige Backpflaumen verwenden, vorzugsweise französische Prünellen aus Agen oder die kalifornische Sorte mit den großen, saftigen Früchten. Dazu reiche ich gern eine frische Orangensauce, wie die von Seite 152.

Den Backofen auf 190 °C vorheizen. Den Teig ausrollen und eine Kuchenform von 20 cm Durchmesser damit auskleiden. Ein entsprechend großes Stück Backpapier auf den Teig legen, mit getrockneten Bohnen beschweren und den Boden 8–10 Minuten blind backen. Dann das Papier und die Bohnen entfernen und den Boden weitere 5 Minuten backen, aus dem Ofen nehmen und abkühlen lassen.

Die weiße Schokolade im Wasserbad schmelzen. Den ausgekühlten Boden mit zwei Drittel der geschmolzenen Schokolade bestreichen und beiseite stellen.

Die Blattgelatine mit Wasser bedeckt 5 Minuten einweichen. Den Wein mit Orangensaft und -schale in einem Topf zum Kochen bringen. Eigelb mit Zucker in einer Schüssel 2–3 Minuten zu einer dicklichen Creme aufschlagen. Den noch warmen Wein nach und nach unter die Eiercreme rühren. Leicht abkühlen lassen, dann die eingeweichte und abgetropfte Blattgelatine zugeben und unter ständigem Rühren auflösen. Die verbliebene Schokolade unterrühren.

Wenn die Masse fast erkaltet ist und zu gelieren beginnt, den Quark und die leicht geschlagene Sahne vorsichtig, aber gründlich unterziehen. Die Backpflaumen auf dem Teigboden verteilen, dann darauf die Quarkcreme geben. Die Tarte mindestens 2 Stunden kühl stellen, bis die Füllung fest geworden ist.

MEIN TIPP Die Tarte nicht zu kalt servieren, da dies den Geschmack beeinträchtigt. Am besten 15 Minuten vor dem Servieren aus dem Kühlschrank nehmen und auf Raumtemperatur bringen.

Mascarpone-Aprikosen-Creme mit Trockenfrüchten in Safran-Ingwer-Sirup

FÜR 6–8 PERSONEN

450 g Trockenaprikosen
600 ml Wasser
100 g gemischte Trockenfrüchte wie Aprikosen, Pflaumen und Feigen, in große Stücke geschnitten
100 g extrafeiner Zucker
Saft und abgeriebene Schale von 1 unbehandelten Zitrone
6 EL Apricot Brandy (oder Orangenlikör wie Cointreau oder Grand Marnier)
300 ml Crème double
100 g Mascarpone
Frische Minze zum Garnieren (nach Belieben)

Für den Sirup

2 EL Sirup von eingelegtem Ingwer
Saft und abgeriebene Schale von 1 unbehandelten Orange
200 ml Wasser
1 ordentliche Prise Safranfäden

Dieses Dessert habe ich als Alternative zum traditionellen englischen »plum pudding« für die Weihnachtsausgabe einer BBC-Zeitschrift kreiert.

Die Trockenaprikosen mit dem Wasser übergießen und über Nacht einweichen lassen. Alle Zutaten für den Sirup aufkochen, über die gemischten Trockenfrüchte gießen und ebenfalls über Nacht einweichen.

Am nächsten Tag die eingeweichten Trockenaprikosen zum Kochen bringen und bei milder Hitze 20–25 Minuten leise köcheln lassen, bis die Früchte weich sind; gegebenenfalls etwas Wasser zugießen. Dann die Aprikosen mit Zucker, Zitronensaft und -schale sowie Likör im Mixer fein pürieren und abkühlen lassen.

Die Sahne schlagen, bis sie steif zu werden beginnt. Den Frischkäse cremig rühren, dann vorsichtig unter die Sahne ziehen. Zwei Drittel vom Aprikosenpüree behutsam unter die Sahnemischung rühren. Stielgläser bis zur Hälfte mit der Masse füllen, eine Schicht Aprikosenpüree darauf geben, dann die restliche Sahnecreme bis 2 cm unter den Rand einfüllen. Die Gläser 4 Stunden kühl stellen.

Zum Servieren die gemischten Trockenfrüchte mit dem Sirup auf die Gläser verteilen und nach Belieben mit Minzeblättchen garnieren.

MASCARPONE-APRIKOSEN-CREME MIT TROCKENFRÜCHTEN IN SAFRAN-INGWER-SIRUP

Loganbeeren-Käsetorte

2 Eier, getrennt
75 g extrafeiner Zucker
225 g Loganbeeren, außerdem einige Beeren zum Garnieren
2 Blatt Gelatine
350 g Mascarpone
150 ml Crème double, leicht geschlagen

Für den Tortenboden

100 g Vollkornkekse
25 g brauner Zucker
25 g Haselnüsse, geröstet (siehe Tipp Seite 73), enthäutet und gehackt
50 g (4 EL) Butter, zerlassen

Für die Sauce

225 g Loganbeeren
Saft von 1 Zitrone, gegebenenfalls auch mehr
Extrafeiner Zucker nach Geschmack

In einem Käsekochbuch darf natürlich auch die Käsetorte nicht fehlen. Ich bevorzuge die ungebackene Variante, eine sogenannte Kühlschranktorte, und möchte Ihnen hier eine meiner Lieblingsvarianten vorstellen, die ich zu Hause mit Herbstfrüchten bereite. Falls Sie keine Loganbeeren bekommen, nehmen Sie einfach Brombeeren, Heidelbeeren oder Himbeeren oder auch eine Mischung davon.

Für den Tortenboden die Kekse in einer Küchenmaschine grob zerkrümeln. Die Krümel in eine Schüssel umfüllen und mit dem Zucker, den gehackten Nüssen und der geschmolzenen Butter vermischen. Die Masse sollte leicht klebrig, aber nicht zu feucht sein. Diese Masse auf dem Boden einer Springform von 20 cm Durchmesser verteilen und überall gleichmäßig andrücken.

Das Eigelb mit dem Zucker im Wasserbad erwärmen, darauf achten, dass das siedende Wasser nicht den Schüsselboden berührt. Die Mischung dabei mit einem elektrischen Handrührer zu einer dicken, cremefarbenen Masse aufschlagen. Die Rührstäbe sollten beim Herausheben eine deutliche Spur auf der Creme hinterlassen. Die Schüssel aus dem Wasserbad nehmen und unter gelegentlichem Rühren abkühlen lassen.

Die Loganbeeren im Mixer pürieren und durch ein feines Sieb streichen. Die Blattgelatine in 3 – 4 Esslöffel Wasser 5 Minuten einweichen, dann bei milder Hitze unter Rühren komplett auflösen. Das Beerenpüree mit der Eiercreme mischen, dann die aufgelöste Gelatine unterrühren. Den Frischkäse gründlich untermischen. Das Eiweiß zu steifem Schnee schlagen und den Eischnee unterheben. Zuletzt die leicht geschlagene Sahne unterziehen. Diese Käsecreme auf den vorbereiteten Boden geben und mit einem Palettmesser glatt streichen. Die Käsetorte für mindestens 2 Stunden in den Kühlschrank stellen und fest werden lassen.

In der Zwischenzeit die Sauce zubereiten. Die Loganbeeren mit Zitronensaft und etwas Zucker im Mixer fein pürieren. Das Püree durch ein feinmaschiges Sieb streichen und mit etwas zusätzlichem Zitronensaft oder Zucker, wenn nötig, abschmecken. Die Sauce nach Belieben mit ein paar Beeren garnieren und getrennt zu der Käsetorte reichen.

Brombeer-Crémet in karamellisierten Blätterteigwaffeln

FÜR 4 PERSONEN

200 g Sahnequark (40 %)
200 g Crème double oder Crème fraîche, leicht geschlagen
2 Eiweiß
25 g extrafeiner Zucker
100 g Blätterteig
75 g Puderzucker

Für das Brombeerpüree

250 g frische Brombeeren
75 g extrafeiner Zucker
Etwas Zitronensaft

Der berühmte »Crémet d'Anjou« ist eine Zubereitung aus Sahne und Quark, die für dieses Rezept mit einem säuerlichen Brombeerpüree vermischt und dann zwischen karamellisierten Waffeln geschichtet wird – eine wirklich köstliche Kombination!

Den Sahnequark in einer Schüssel glatt rühren, dann die leicht geschlagene Sahne oder Crème fraîche unterziehen. Das Eiweiß zu steifem Schnee schlagen. Den extrafeinen Zucker einrühren und dann den Eischnee unter die Käsecreme heben. Beiseite stellen.

100 g Brombeeren abwiegen und mit dem Zucker im Mixer fein pürieren. Das Ganze in eine Schüssel umfüllen und mit einem Spritzer Zitronensaft abrunden. Die Hälfte vom Püree mit einer Gabel unter die Käsecreme ziehen, damit ein Marmormuster entsteht. Die Masse zugedeckt etwa 12 Stunden, besser noch über Nacht in den Kühlschrank stellen.

Den Backofen auf 220 °C vorheizen. Den Blätterteig zu einem 15 × 25 cm großen Rechteck von etwa 2 mm Stärke ausrollen. Die Teigplatte mit etwas Puderzucker bestäuben, dann wie eine Biskuitrolle fest zusammenrollen. Die Teigrolle zum Festwerden kurz an die kälteste Stelle im Kühlschrank oder ins Gefrierfach legen, dann mit einem scharfen Messer in zwölf Scheiben von etwa 5 mm Stärke schneiden. (Da nicht der ganze Teig gebraucht wird, können Sie den Rest für später einfrieren.) Die Teigscheiben großzügig mit dem verbliebenen Puderzucker bestreuen und so dünn wie möglich zu ovalen Platten ausrollen. Auf ein Backblech legen und in 8 – 10 Minuten goldgelb backen, bis der Zucker karamellisiert. Die Waffeln aus dem Ofen nehmen und zum Auskühlen auf ein Kuchengitter legen.

Zum Servieren auf vier Dessertteller je eine Blätterteigwaffel legen und mit einer Schicht von der marmorierten Käsecreme bedecken. Je eine zweite Waffel auflegen, erneut Käsecreme auftragen und mit einer dritten Waffel abschließen. Für die Fruchtsauce die verbliebenen ganzen Brombeeren unter das Püree rühren und rund um die gefüllten Waffeln anrichten.

MEIN TIPP Das Ganze wirkt professioneller, wenn Sie die Käsecreme mit Spritzbeutel und Sterntülle auf die Waffeln spritzen. Die knusprigen Blätterteigwaffeln sind auch eine köstliche Beigabe zu Eiscreme oder Sorbet. Kühl und trocken gelagert, bleiben sie in einem dicht schließenden Behältnis bis zu einer Woche frisch.

Gratin von Sommerfrüchten mit cremiger Stiltonsauce

FÜR 4 PERSONEN

250 g frische Brombeeren
50 g extrafeiner Zucker, gegebenenfalls auch etwas mehr
450 g frische Beerenfrüchte wie Erdbeeren, Brombeeren, Himbeeren und rote Johannisbeeren

Für die Käsesauce

90 ml Crème double
75 g White Stilton (junger, kurz gereifter Stilton noch ohne Schimmelwachstum), gerieben
2 Eigelb
50 g extrafeiner Zucker
Kirschwasser zum Aromatisieren

KÄSEALTERNATIVEN

Anstelle von jungem Stilton kann jeder beliebige Rahmfrischkäse verwendet werden, aber auch ein milder Ziegenfrischkäse.

Ich liebe Sommerbeeren, denn sie schmecken so herrlich erfrischend, und dazu als angenehmen Kontrast die süße Käsesauce. Die Beeren können Sie gegen Aprikosen oder Pfirsiche austauschen und in der kälteren Jahreszeit auch gegen pochierte Birnen. Die Stiltonsauce sollten Sie einmal zu einem Fondue mit Früchten reichen, dann aber das Kirschwasser durch etwas Apricot Brandy ersetzen.

Die Brombeeren mit dem Zucker im Mixer pürieren. Das Püree durch ein feines Sieb streichen, damit die kleinen Kerne zurückbleiben. Gegebenenfalls noch etwas nachsüßen.

Für die Sauce die Sahne in einem Topf aufkochen. Den Topf von der Kochstelle nehmen und den Käse unterrühren. Abkühlen lassen. Das Eigelb mit dem Zucker im Wasserbad aufschlagen; darauf achten, dass das Wasser im Topf nicht den Schüsselboden berührt. So lange schlagen, bis eine dicke, hellgelbe Masse von doppeltem Volumen entstanden ist. Aus dem Wasserbad nehmen und weiterschlagen, bis die Masse erkaltet ist. Die Käsecreme unterziehen und mit Kirschwasser abschmecken.

Die Beerenfrüchte mit dem Brombeerpüree mischen und in der Mitte von vier ofenfesten Desserttellern aufschichten. Mit der Käsesauce umgießen und die Teller unter den vorgeheizten Grill schieben. Herausnehmen, sobald die Sauce leicht gebräunt ist. Sofort servieren.

GRATIN VON SOMMERFRÜCHTEN
MIT CREMIGER STILTONSAUCE

Blini mit Ricotta-Himbeer-Füllung

FÜR 4 PERSONEN

20 g extrafeiner Zucker
Fein abgeriebene Schale von 1 unbehandelten Zitrone
100 g Mehl
1 knapper TL Backpulver
2 TL zerlassene Butter
150 ml Milch
2 Eier, getrennt
Je 1 Prise Salz und Zucker
1 EL Olivenöl
4 EL Ricotta, abgetropft
200 g frische Himbeeren
Puderzucker zum Bestäuben
Frische Minze zum Garnieren (nach Belieben)

Für die Sauce

250 g frische Himbeeren
Saft von ½ Zitrone, gegebenenfalls etwas mehr
75 g Puderzucker, gegebenenfalls etwas mehr

KÄSEALTERNATIVE

Speisequark

Zwischen zwei dünnen, zitronig schmeckenden Pfannkuchen verbirgt sich hier eine Füllung aus Ricotta und frischen Himbeeren. Dazu gibt es eine fruchtige Brombeersauce. Ich esse diese Blini gern als Dessert mit einer Kugel Vanilleeis. Als winterliche Variante empfiehlt sich anstelle der Himbeeren eine Füllung aus pochierten Birnen. Wenn Sie 2 Esslöffel Mehl gegen Kakaopulver austauschen, erhalten Sie leckere Schokoladenblini.

Für die Blini den Zucker und die abgeriebene Zitronenschale mischen, um die ätherischen Öle zu binden. Das Mehl mit dem Backpulver in eine Schüssel sieben und den Zucker mit der Zitronenschale unterrühren. In einer Extraschüssel die zerlassene Butter mit Milch und Eigelb verrühren, dann das Mehl nach und nach einsieben, so dass ein glatter, dünnflüssiger Teig entsteht. Das Eiweiß mit je einer Prise Salz und Zucker zu steifem Schnee schlagen, dann vorsichtig unter den Teig ziehen. Den Pfannkuchenteig 5–10 Minuten ruhen lassen.

In der Zwischenzeit die Sauce zubereiten. Dazu die Himbeeren im Mixer pürieren, dann durch ein feines Sieb streichen. Zitronensaft und Puderzucker unterrühren; abschmecken.

Zum Abbacken der Blini das Olivenöl in einer schweren Bratpfanne (oder in kleinen Blini-Pfännchen, falls vorhanden) langsam erhitzen. Pro Pfannkuchen 2 Esslöffel Teig hineingeben (ergibt einen Blini von etwa 10 cm Durchmesser) und bei schwacher Hitze etwa 2 Minuten backen. Sobald sich an der Oberfläche Bläschen zeigen, die Blini wenden und auf der anderen Seite goldbraun backen. Die fertigen Blini warm halten, bis alle Pfannkuchen – insgesamt acht Stück – fertig gebacken sind.

Die Ricotta behutsam auf vier Blini streichen und mit Himbeeren belegen. Die restlichen vier Blini als Deckel auflegen und auf Serviertellern anrichten. Mit Puderzucker bestäuben, mit der Himbeersauce umgießen und nach Belieben mit frischer Minze garnieren.

MEIN TIPP Ich habe festgestellt, dass amerikanische Pfannkuchen- und Waffel-Backmischungen eine tolle Alternative zum herkömmlichen Mehl und Backpulver sind. Daraus lassen sich herrlich lockere Pfannkuchen zubereiten.

BLINI MIT RICOTTA-HIMBEER-FÜLLUNG

Korsisches Omelett mit Ziegenkäse und Honig

FÜR 4 PERSONEN

6 Eier, verschlagen
1 EL gehackte frische Minze
65 g extrafeiner Zucker
65 g gemahlene Mandeln
50 g (4 EL) Butter
75 g weiche Ziegenrolle, in dünne Scheiben geschnitten
2 EL klarer Honig
Puderzucker zum Bestäuben

Die korsische Küche ist zwar typisch mediterran, hält aber auch einige ausgefallene Spezialitäten bereit, die nur auf Korsika zu finden sind. Eine davon ist Broccio, ein Frischkäse von Ziegen- und Schafmilch, der in regionalen Speisen wie pikanten und süßen Küchlein, Eiercremes und Omeletts häufig verwendet wird. Da dieser Käse hierzulande kaum erhältlich ist, habe ich ihn durch reinen Ziegenkäse ersetzt, den ich im Grunde auch bevorzuge.

Die Eier in eine Schüssel geben und mit Minze, Zucker, gemahlenen Mandeln und 1 Esslöffel kaltem Wasser schaumig schlagen. Die Butter in einer Omelettpfanne von 20 cm Durchmesser erhitzen. Sobald die Butter schäumt, die Eimasse hinzufügen und mit einer Gabel rühren. Wenn die Eier zu stocken beginnen, die Käsescheiben auf der Masse verteilen. Weich werden lassen, dann den Honig darüber träufeln und das Omelett falten oder wahlweise flach lassen. Mit Puderzucker bestäuben und warm halten.

Apfel-Pie mit Wensleydale

FÜR 4 PERSONEN

500 g Kochäpfel, geschält, entkernt und in Stücke geschnitten
1 Prise gemahlene Nelken
1 TL gemahlener Zimt
1 Prise frisch gemahlene Muskatnuss
50 g Rosinen
75 g extrafeiner Zucker
75 g Wensleydale, zerbröckelt
1/2 Rezept süßer Auslegeteig (Rezept S. 21)
1 Ei, mit 1 EL Wasser verschlagen, zum Glasieren

KÄSEALTERNATIVE

Fontina

Wensleydale ist ein leicht säuerlicher bis mild-aromatischer Käse aus der Cheddar-Familie, der möglichst jung verzehrt werden sollte. Er schmeckt wunderbar zu knackigem Obst wie Äpfeln oder Birnen. Diese Pie zählt zu meinen Lieblingsspeisen. Sie stammt wie der Wensleydale aus den Tälern von Yorkshire und wird traditionell mit Äpfeln und Käse bereitet, wobei der Käse meist Bestandteil des Teiges ist, während er im vorliegenden Rezept unter die Äpfel gemischt wird.

Den Backofen auf 200 °C vorheizen. Äpfel, Gewürze, Rosinen, Zucker und Käse mischen und in eine hohe Pie-Form von 20 cm Durchmesser geben. Den Teig etwas größer im Durchmesser als die Form ausrollen. Einen schmalen Teigstreifen von den Resten schneiden, auf den Rand der Pie-Form drücken und mit dem verschlagenen Ei bestreichen. Den Teigdeckel auflegen, rundum gut festdrücken und überstehenden Teig wegschneiden. Ein Loch in die Teigmitte stechen, damit die Luft beim Backen entweichen kann.

Die Teigreste ausrollen; Blätter ausstechen oder beliebige Motive formen und die Pie damit dekorieren. Alles mit Eiglasur bestreichen und die Pie in 15–20 Minuten goldgelb backen. Die Ofentemperatur auf 160 °C herunterschalten und 25 Minuten weiterbacken. Die Pie heiß oder warm servieren. Dazu eine dünne Eiercreme oder Dickrahm reichen.

Backpflaumen-Soufflé mit Ziegenfrischkäse-Eiscreme

FÜR 4 PERSONEN

75 g entsteinte Backpflaumen, vorzugsweise französische Prünellen
40 g (3 EL) Butter, außerdem Butter zum Einfetten
40 g Weizenmehl
200 ml Milch, gekocht und abgeseiht
5 Eier, getrennt
2 EL Armagnac
75 g extrafeiner Zucker, außerdem Zucker zum Bestreuen
15 g Maismehl
4 Kugeln Ziegenfrischkäse-Eiscreme (Rezept S. 154)

Bei der Auswahl der Käsekreationen für dieses Buch stießen meine Souschefs und ich auf viele höchst bemerkenswerte Zusammenstellungen, die uns stets aufs Neue angenehm überraschten. So auch diese Zubereitung, in der sich Backpflaumen-Soufflé und Ziegenfrischkäse-Eiscreme vortrefflich ergänzen und die inzwischen zu einem meiner Lieblingsdesserts avanciert ist.

Vier Soufflé-Förmchen von je 200 ml Fassungsvermögen buttern und mit Zucker ausstreuen, überschüssigen Zucker abklopfen. Den Backofen auf 200 °C vorheizen.

Die Backpflaumen mit Wasser bedeckt leise köcheln lassen, bis sie weich sind. Dann im Mixer pürieren und beiseite stellen. Die Butter in einem Topf zerlassen, das Mehl einstreuen und 1–2 Minuten anschwitzen. Nach und nach die heiße Milch zugießen und 5 Minuten leise köcheln lassen, bis eine dicke Sauce entstanden ist. Das Pflaumenpüree unterrühren, von der Kochstelle nehmen und abkühlen lassen. Das Eigelb und den Armagnac unterrühren.

Das Eiweiß zu steifem Schnee schlagen, dann nach und nach den Zucker einrieseln lassen und weiterschlagen, bis der Eischnee glänzt. Zuletzt das Maismehl unterrühren. Ein Drittel des Eischnees unter die Pflaumensauce heben, um sie aufzulockern, dann den verbliebenen Eischnee unterziehen. Die Förmchen mit der Soufflé-Masse füllen, in einen mit Wasser gefüllten Bräter stellen, in dem sie zu zwei Drittel im Wasser stehen. Das Soufflé 15–20 Minuten im Ofen backen, bis es schön aufgegangen ist. Aus dem Wasserbad nehmen und sofort mit dem Eis servieren.

MEIN TIPP Eine raffinierte Variante besteht darin, das Soufflé bei Tisch zu »köpfen« und eine Kugel Eis in die Öffnung gleiten zu lassen. Wenn Sie etwas mehr Pflaumenpüree zubereiten, reicht es zum Beträufeln der Eiscreme.

Apfelstrudel mit Pecorino

FÜR 6–8 PERSONEN

50 g frische Weißbrotkrumen
50 g gemahlene Mandeln
100 g Butter
900 g Kochäpfel, geschält, entkernt und in dünne Scheiben geschnitten
50 g extrafeiner Zucker
1 TL gemahlener Zimt
½ TL gemahlenes *mixed spice* (engl. Gewürzmischung aus Zimt, Koriander, Piment, Nelken, Muskat und Ingwer für Pudding, Kuchen und Gebäck)
50 g Rosinen, in Wasser gequollen und abgetropft
25 g Walnüsse oder Mandeln, gehackt
Abgeriebene Schale von ½ unbehandelten Zitrone
150 g Pecorino romano, in dünne Scheiben geschnitten
4 große Phylloteigblätter (je etwa 45 × 30 cm)
Puderzucker zum Bestäuben

KÄSEALTERNATIVE

Ricotta ist eine schmackhafte Variante zum Pecorino.

Noch eine Variante zum Thema »Gebackenes mit Äpfeln und Käse« (siehe auch Apfel-Pie mit Wensleydale Seite 172), diesmal italienisch angehaucht, dazu ein Klecks frische Sahne, und fertig ist ein delikates Dessert, das Sie zu besonderen Anlässen mit einem Kompott von Pflaumen oder Backpflaumen verfeinern können. Da Strudelteig recht aufwändig in der Herstellung ist, hat sich inzwischen der Phylloteig als zeitsparende Alternative durchgesetzt.

Den Backofen auf 200 °C vorheizen. Die Brotkrumen und die gemahlenen Mandeln in 50 g (4 EL) Butter goldbraun rösten und beiseite stellen.

Die Apfelscheiben mit Zucker, Zimt, Gewürzmischung, Rosinen, gehackten Nüssen und abgeriebener Zitronenschale mischen. Die Käsescheiben vorsichtig unterheben.

Die verbliebene Butter zerlassen. 1 Phylloteigblatt auf einer sauberen Arbeitsfläche ausbreiten und mit etwas Butter bestreichen, dann die restlichen Teigblätter, jeweils mit Butter bestrichen, auflegen. Die letzte Teigschicht reichlich buttern und mit der gerösteten Mandelmischung bestreuen. Die Apfelmischung darauf verteilen und die Teigblätter fest aufrollen. Die Rolle auf ein gefettetes Backblech gleiten lassen und, falls sie zu lang ist, halbmondförmig zusammenlegen, dann mit der restlichen Butter bestreichen. In den Ofen schieben und 20–25 Minuten backen, bis der Strudel goldbraun und knusprig ist.

Aus dem Ofen nehmen, großzügig mit Puderzucker bestreuen und noch heiß servieren.

MEIN TIPP Falls die gekauften Phylloteigblätter kleiner sind als im Rezept angegeben, legen Sie einfach mehrere Blätter leicht überlappend auf die Arbeitsfläche, bis ein 45 × 30 cm großes Rechteck entsteht. Dieses Rechteck bestreichen Sie mit Butter und belegen es mit weiteren Teigblättern, bis die vier Lagen komplett sind. Dann wie oben beschrieben fortfahren.

Käse-Beignets mit Walnusshonig

FÜR 4–6 PERSONEN

450 g Mascarpone
25 g extrafeiner Zucker
Abgeriebene Schale von ½ unbehandelten Zitrone
150 g Weizenmehl, gesiebt
2 Eier
Pflanzenöl zum Frittieren
150 ml klarer Honig
75 g Walnüsse, gehackt
Puderzucker zum Bestäuben

Diese Beignets gehören zu der Sorte von klebrigen Desserts mit reichlich Honig und Nüssen, wie man sie im Orient liebt. Im Gegensatz zu dem sonst eher schweren Gebäck handelt es sich hierbei aber um leichte, duftige Küchlein.

Den Frischkäse mit dem Zucker und der abgeriebenen Zitronenschale in einer Schüssel glatt rühren. Das Mehl nach und nach einstreuen, bis eine homogene Mischung entstanden ist. Die Eier nacheinander unterrühren, dann die Masse bis zu 1 Stunde ruhen lassen. Das Pflanzenöl in einer Fritteuse oder einem großen Topf auf 190 °C erhitzen. Je 1 gehäuften Teelöffel von der Käsemasse abstechen und ins heiße Fett gleiten lassen. Die Beignets in kleinen Partien etwa 2 Minuten ausbacken, bis sie aufgegangen und goldgelb sind. Auf Küchenpapier abtropfen lassen und warm halten, während die restlichen Beignets frittiert werden.

Den Honig mit den Walnüssen in einem Topf erwärmen. Die Käse-Beignets mit Puderzucker bestäuben und mit dem warmen Walnusshonig servieren.

Pekannuss-Pie mit Cashel Irish Blue

FÜR 4 PERSONEN

½ Rezept süßer Auslegeteig (S. 21)
Mehl zum Bestäuben
65 g (5 EL) Butter
4 EL Rohrzuckersirup *(golden syrup)*
100 g Cashel Irish Blue oder ein anderer milder Blauschimmelkäse, fein gewürfelt
150 g brauner Rohrzucker
3 Eier
2 EL Rum
½ TL Vanilleextrakt
1 Prise Salz
150 g Pekannüsse

KÄSEALTERNATIVEN

Wer lieber einen würzigen Käse mag, der greift zu Roquefort oder Gorgonzola.

Die Pekannuss-Pie ist das amerikanische Nationaldessert schlechthin. Durch die Zugabe von Blauschimmelkäse ergibt sich eine geschmacklich sehr interessante Variante. Ich serviere diese Pie gern warm mit ganz viel Schlagsahne.

Den Backofen auf 190 °C vorheizen. Den Teig auf einer leicht bemehlten Arbeitsfläche 3 mm dünn ausrollen und eine 2,5 cm hohe Kuchenform von 23 cm Durchmesser damit auskleiden. Den Boden mehrmals mit einer Gabel einstechen, damit sich beim Backen keine Luftblasen bilden können. Ein entsprechend großes Stück Backpapier auf den Teig legen und die Form mit getrockneten Bohnen füllen. Den Boden 10 Minuten blind backen, dann das Papier und die Bohnen entfernen und weitere 5 Minuten backen. Aus dem Ofen nehmen und die Ofentemperatur auf 180 °C herunterschalten.

Die Butter mit dem Sirup in einem Topf erhitzen, dann die Hälfte vom Käse zugeben und unter Rühren schmelzen lassen. Zucker, Eier, Rum, Vanille und Salz in einer Schüssel verrühren. Die Nüsse unterheben, dann unter die Käsemasse rühren. Den verbliebenen Käse hinzufügen und die Masse in den vorgebackenen Tortenboden einfüllen. Etwa 30 Minuten backen, bis die Masse fest und goldbraun geworden ist.

PEKANNUSS-PIE MIT CASHEL IRISH BLUE

Croque Mademoiselle

FÜR 4 PERSONEN

90 g Neufchâtel
1 EL Grand Marnier
Abgeriebene Schale von ½ unbehandelten Orange
3 EL extrafeiner Zucker
8 Scheiben Brioche (Rezept S. 22), Kruste entfernt
250 g Himbeeren
2 Eier, verschlagen
150 ml Crème double
150 ml Milch
1 TL gemahlener Zimt
50 g (4 EL) Butter
Puderzucker zum Bestäuben

KÄSEALTERNATIVEN

Falls Ihnen der Neufchâtel zu herzhaft schmeckt, können Sie ihn durch Speisequark oder feste Ricotta ersetzen.

Diese süße Variante von Croque Monsieur erinnert ein wenig an die einfache Süßspeise Arme Ritter – sehr delikat als Dessert oder auch zum lässigen Brunch oder zum sommerlichen Frühstück. Neufchâtel ist ein cremiger Weichkäse aus der Normandie und schmeckt am besten frisch.

Den Käse mit Grand Marnier, abgeriebener Orangenschale und 1 Esslöffel Zucker mischen. Die Briochescheiben mit dieser Mischung bestreichen. Die Himbeeren auf vier Scheiben verteilen, dabei fest in die Käsemischung drücken, dann die restlichen Scheiben auflegen, so dass vier Sandwiches entstehen.

Die Eier mit der Sahne, der Milch, dem Zimt und dem verbliebenen Zucker kräftig verrühren und die Eiermilch in eine flache Schale gießen. Die Sandwiches in der Eiermilch wenden. Die Butter in einer großen Bratpfanne erhitzen und die Sandwiches darin etwa 2 Minuten auf jeder Seite goldgelb braten. Herausnehmen und auf Küchenpapier abtropfen lassen, dann großzügig mit Puderzucker bestäuben. Die Croques Mademoiselles sofort servieren. Leicht geschlagene Sahne dazu reichen.

MEIN TIPP Die Brioche können Sie durch Weißbrot (am besten Hefeweißbrot) ersetzen, obwohl es geschmacklich natürlich nicht an das Original heranreicht.

Tourte de Poitou (Ziegenkäse-Tarte)

FÜR 6 PERSONEN

½ Rezept süßer Auslegeteig (S. 21)
Mehl zum Bestäuben
175 g weicher, ungesalzener Ziegenkäse wie Sainte-Maure
3 Eier
100 g extrafeiner Zucker
2 EL Crème double
4 EL fein gehackte kandierte Früchte
Abgeriebene Schale von 1 unbehandelten Orange
1 EL Pistazien, enthäutet und gehackt (siehe Tipp)

Diese Tarte ist eine Spezialität aus dem Poitou, einer Region in Westfrankreich, wo sie wie im folgendem Rezept mit Ziegenkäse zubereitet wird. Den Ziegenkäse können Sie nach Belieben gegen Kuhmilchfrischkäse austauschen.

Den Backofen auf 190 °C vorheizen. Den Teig auf einer leicht bemehlten Arbeitsfläche 3 mm dünn ausrollen und eine Obstkuchenform von 20 cm Durchmesser damit auskleiden. Den Boden mit einer Gabel mehrmals einstechen, Backpapier auflegen und getrocknete Bohnen einfüllen. Den Boden 10 Minuten blind backen, dann ohne Papier und Bohnen weitere 5 Minuten backen.

In der Zwischenzeit alle verbliebenen Zutaten in einer Schüssel gründlich verrühren. Die Masse in den vorgebackenen Teigboden einfüllen und 45 Minuten backen, bis die Oberfläche goldbraun ist. Die Tarte warm oder kalt servieren.

MEIN TIPP Pistazien lassen sich mühelos enthäuten, wenn man sie zuerst 1–2 Minuten bei starker Hitze im Backofen röstet, sie dann in ein Tuch wickelt und aneinander reibt, damit sich die Haut löst. Abkühlen lassen und die Haut entfernen.

Gebackene Amaretti-Pfirsiche mit Ricotta und Bitterschokolade

FÜR 4 PERSONEN

300 ml trockener Weißwein
4 EL Amaretto (nach Belieben)
100 g extrafeiner Zucker
½ TL Vanilleextrakt oder 1 Vanilleschote, aufgeschlitzt
4 große reife Pfirsiche
4 EL feste Ricotta
50 g Amaretti (Mandelmakronen), zerbröselt
2 EL geriebene Bitterschokolade (vorzugsweise Edelbitterschokolade mit mindestens 70 % Kakaoanteilen)
2 EL leicht geschlagene Crème double

Es gibt unzählige Füllungen für gebackene Pfirsiche, aber diese Kreation aus sahnigem Frischkäse, Bitterschokolade und Mandelmakronen ist besonders delikat. Nach diesem Rezept können Sie auch Aprikosen zubereiten.

Den Backofen auf 220 °C vorheizen. Den Wein mit dem Mandellikör, falls verwendet, dem Zucker und der Vanille in einem Topf zum Kochen bringen und in 5 Minuten sirupartig einkochen. Die Pfirsiche dazugeben und 1 Minute pochieren. Die Früchte mit einem Schaumlöffel herausnehmen und gründlich abtropfen lassen, dann die Haut abziehen. Die Pfirsiche halbieren, dabei die Fruchtnaht als Führung beim Schneiden benutzen. Die Fruchthälften gegeneinander drehen, damit sie sich lösen, dann den Stein entfernen. Mit einem Teelöffel etwas Fruchtfleisch aus den Hälften kratzen, um die Höhlung zu vergrößern.

Die Ricotta mit den zerbröselten Mandelmakronen und der Schokolade mischen, dann die leicht geschlagene Sahne unterziehen. Die Pfirsichhälften mit dieser Mischung füllen und nebeneinander in eine ofenfeste Form setzen. Die gefüllten Pfirsichhälften mit etwas Sirup umgießen und im Ofen 5 – 8 Minuten goldgelb überbacken. Mit einer Kugel Vanilleeiscreme anrichten und sofort servieren.

MEIN TIPP Übrig gebliebenen Sirup können Sie zu köstlichem Pfirsich-Sorbet gefrieren lassen. Wenn Sie dieses aparte Dessert das ganze Jahr über genießen möchten, sollten Sie im Sommer reichlich Pfirsiche kaufen, in Sirup pochieren und zusammen einwecken. Eingemachte Pfirsiche schmecken auch wunderbar zu Vanilleeis.

Kretische Käsetaschen mit Honig

FÜR 4 PERSONEN

125 g griechischer Feta
40 g Mascarpone
1 Ei, verschlagen
50 g (4 EL) weiche Butter
$^1/_4$ TL gemahlener Zimt
Saft von $^1/_2$ Zitrone
2 EL gehackte frische Minze
Pflanzenöl zum Frittieren
Puderzucker zum Bestäuben
150 ml Honig, erwärmt
150 ml Crème fraîche (nach Belieben)

Für den Teig

225 g Weizenmehl, außerdem etwas Mehl zum Bestäuben der Arbeitsfläche
25 g extrafeiner Zucker
25 g (2 EL) zimmerwarme Butter, gewürfelt
Etwa 150 ml Wasser

Die Kombination von süß und pikant ist in den Mittelmeerländern häufig anzutreffen. Ich serviere die Käsetaschen gern mit Crème fraîche; sie steht in einem angenehmen Kontrast zu den warmen Käsetaschen.

Für den Teig das Mehl in eine Schüssel sieben, den Zucker einrieseln lassen, dann die Butterstückchen rasch mit den Fingerspitzen einarbeiten, bis eine grobkrümelige Masse entstanden ist. So viel Wasser zugeben, dass ein weicher, formbarer Teig entsteht. Den Teigkloß auf eine leicht bemehlte Arbeitsfläche geben und 4–5 Minuten kneten, bis er glatt und elastisch ist.

Den Feta in eine Schüssel geben und mit einer Gabel grob zerdrücken. Den Frischkäse und das Ei dazugeben und glatt rühren. Als Nächstes die Butter und den Zimt unterrühren, dann den Zitronensaft und die gehackte Minze. Die Käsecreme bis zur weiteren Verwendung in den Kühlschrank stellen.

Den Teig auf einer leicht bemehlten Arbeitsfläche so dünn wie möglich ausrollen. Mit einem runden Förmchen 16–20 Plätzchen von 7,5 cm Durchmesser ausstechen.

1 Esslöffel Füllmasse auf jeweils eine Plätzchenhälfte geben, den Teigrand ringsum mit Wasser bestreichen, dann die leere Hälfte über die Füllung klappen und die Taschen an der Naht rundum gut festdrücken. Etwa 30 Minuten im Kühlschrank fest werden lassen.

In der Zwischenzeit das Pflanzenöl in einer Fritteuse oder einem hohen Topf auf 180–190 °C erhitzen. Die Käsetaschen partienweise ins heiße Öl gleiten lassen und in etwa 2 Minuten goldgelb ausbacken; zwischendurch wenden, damit sie gleichmäßig bräunen. Die Käsetaschen mit einem Schaumlöffel herausnehmen und auf Küchenpapier gründlich abtropfen lassen. Warm halten, während die restlichen Taschen frittiert werden.

Die Käsetaschen auf Desserttellern anrichten, mit etwas Puderzucker bestreuen und mit dem angewärmten Honig beträufeln. Sofort servieren, nach Belieben mit einem Klecks Crème fraîche.

MEIN TIPP Besorgen Sie für diese Nachspeise nach Möglichkeit einen guten griechischen Honig. Wenn die Zeit drängt, können Sie den Mürbeteig durch gekauften Phylloteig ersetzen. Die damit zubereiteten Taschen schmecken fast ebenso gut.

Kapitel 8

Brie de Meaux
45 POUR CENT MATIÈRE GRASSE
77 169 SAINT-SIMEON
PRES DE COULOMMIERS
LLATION D'ORIGINE

Die etwas andere Käseplatte

Gepresster Ziegenkäse mit Trockenfrüchten

FÜR 4 PERSONEN

4 Crottins de Chavignol oder gereifte Chabis, längs halbiert
50 g getrocknete Feigen, geviertelt
50 g Backpflaumen, halbiert
3 frische Thymianzweige
3 Lorbeerblätter
6 schwarze Pfefferkörner
6 EL Zwetschgenwasser oder Cognac
Olivenöl

Servieren Sie diese eingelegte Käsespezialität mit einem guten Walnussbrot.

Zwei Käsehälften in ein sterilisiertes Einmachglas von 500 ml Fassungsvermögen geben und je ein Drittel der Feigen und der Backpflaumen, 1 Thymianzweig, 1 Lorbeerblatt und 2 Pfefferkörner darauf verteilen. Das Ganze mit 1½ Esslöffel Zwetschgenwasser oder Cognac beträufeln. Dann zwei weitere Käsehälften mit Trockenfrüchten und Aromazutaten einschichten; auf diese Weise fortfahren, bis alle Zutaten verbraucht sind. Mit einer Schicht Käse abschließen und den dicht gepackten Käse fest zusammenpressen. Mit dem restlichen Zwetschgenwasser oder Cognac beträufeln. Mit Olivenöl aufgießen, so dass der Käse ganz davon bedeckt ist, und mindestens eine Woche an einen kühlen Ort, aber nicht in den Kühlschrank stellen. Das angebrochene Glas im Kühlschrank aufbewahren.

Ziegenkäse in Basilikumöl

FÜR 4 PERSONEN

4 Crottins de Chavignol oder gereifte Chabis, längs halbiert
1 Lorbeerblatt
6 schwarze Pfefferkörner, angedrückt
2 Knoblauchzehen, zerdrückt
1 Hand voll frisches Basilikum
125 ml natives Olivenöl extra, angewärmt
Salz

KÄSEALTERNATIVEN

Ein cremiger Camembert oder Brie, in 1 cm dicke Scheiben geschnitten, oder Roubiliac-Ziegenkäsebällchen

Dies ist eine schnelle und einfache Methode, um Käse einzulegen, und zwar mit Basilikum, Olivenöl und Knoblauch. Ich serviere den eingelegten Ziegenkäse gern als Teil einer Käseplatte, aber zusammen mit einem knackigen Salat und etwas Brot eignet er sich auch als leichte Vorspeise.

Die Käsehälften nebeneinander in eine Schüssel legen und das Lorbeerblatt und die Pfefferkörner darüber geben. Den zerdrückten Knoblauch und die Basilikumblätter mit dem Olivenöl im Mixer zu einer dünnflüssigen Sauce verschlagen und mit Salz abschmecken. Die Sauce über den Käse gießen und zugedeckt etwa 6 Stunden kühl stellen. Im Kühlschrank ist der Käse etwa 1 Woche haltbar. Vor dem Servieren auf Raumtemperatur bringen.

Gefüllter Bonchester mit Ziegenkäse und Walnüssen

FÜR 4 PERSONEN

1 Bonchester, nicht zu reif
65 g frischer Ziegenkäse, zum Beispiel Sainte-Maure
25 g (2 EL) weiche Butter
40 g Walnüsse, gehackt
4 EL Crème double
Salz und frisch gemahlener schwarzer Pfeffer

KÄSEALTERNATIVEN

Brie oder Coulommiers (für die Sie die doppelte Menge an Füllung benötigen) oder ein Camembert

Zu der Zeit, als die Nouvelle Cuisine in Frankreich »en vogue« war, fand man allenthalben gefüllten Käse. Einige vom Guide Michelin mit Sternen bedachte Restaurants servierten zum Beispiel einen Brie, der mit einer Mischung aus Weichkäse und frischen Trüffeln gefüllt war. Preiswerter ist die hier vorgestellte Variante mit Walnüssen, die Sie selbstverständlich durch Trüffeln ersetzen können.

Den Bonchester längs halbieren. Den Ziegenkäse mit Butter, Walnüssen und Sahne verrühren und mit Salz und Pfeffer abschmecken. Diese Mischung auf die beiden Schnittflächen streichen und zusammenklappen. Zwei Stunden in den Kühlschrank stellen, damit die Füllung fest wird. Zum Servieren in kleine Tortenstücke schneiden.

MEIN TIPP Mit einem heißen Tranchiermesser lässt sich der Bonchester leichter schneiden. Frische, vollreife Feigen schmecken besonders delikat zu diesem gefüllten Käse.

Liptauer Käse

FÜR 4 PERSONEN

225 g Mascarpone
oder frischer Explorateur
4 EL saure Sahne
50 g (4 EL) weiche Butter
2 TL Kapern *nonpareilles*, abgetropft
2 eingelegte Anchovisfilets, fein gehackt
1 EL Schnittlauchröllchen
1 EL milder Gewürzpaprika, außerdem
etwas Paprikapulver zum Bestreuen
1 TL Kümmelkörner
½ TL milder Senf
Salz

Dieser aus Ungarn stammende Käsedip wird traditionell mit einem weichen, quarkartigen Schafkäse zubereitet. Da dieser mitunter schwer zu beschaffen ist, habe ich ihn durch Kuhmilchfrischkäse ersetzt. Dazu passen knusprige Kekse ganz ausgezeichnet, aber auch eine Auswahl an rohem Gemüse. Liptauer Käse hält sich im Kühlschrank etwa eine Woche.

Alle Zutaten kurz in einer Küchenmaschine vermischen oder von Hand in einer Schüssel kräftig verrühren. Abdecken und über Nacht im Kühlschrank durchziehen lassen.

Zum Servieren eventuell noch einmal nachwürzen, in eine dekorative Schüssel umfüllen und mit Paprika bestreuen. Wenn die Masse fest genug ist, lassen sich daraus auch Kugeln formen, die – in grobem Pfeffer oder Paprika gerollt und auf Weinblätter gesetzt – sehr ansprechend wirken.

Labna mit Oregano in Paprikaöl

FÜR 4 PERSONEN

500 g griechischer Joghurt mit
Lebendkulturen
6 große Zweige frischer Oregano
Etwa 600 ml Olivenöl
1 EL Paprikapulver

Labna, auch bekannt als trockener Joghurtkäse, erfreut sich im gesamten Mittleren Osten großer Beliebtheit und lässt sich mühelos zu Hause herstellen, indem man Joghurt zum Abtropfen in ein Mulltuch gibt. Labna dient als Basis für allerlei pikante oder süße Speisen (siehe Rezept Seite 162 Gebackene Pfeffer-Karamell-Birnen mit Labna) oder kann, wie hier, zu Kugeln gerollt und in Öl eingelegt werden. Wenn Ihnen der Labna zu sauer ist, rühren Sie einen Esslöffel leicht geschlagene Crème double darunter.

Einen Durchschlag mit vier Lagen angefeuchtetem Mull auslegen. Den Joghurt hineingießen, die Tuchenden zusammenbinden und über einer Schüssel aufhängen. An einem kühlen Ort 3 – 4 Tage abtropfen lassen. An heißen Tagen zum Abtropfen in den Kühlschrank stellen. Den Joghurtkäse auswickeln und zu kleinen Kugeln von etwa 2,5 cm Durchmesser formen. Diese zusammen mit den Oreganozweigen in ein sterilisiertes Einmachglas geben. Das Öl mit dem Paprika mischen und über die Käsekugeln gießen, bis sie gut bedeckt sind. Das Glas gut verschließen und bis zum Öffnen mindestens 1 Woche an einem kühlen Ort aufbewahren. Mit knusprigem Brot servieren.

Stachelbeer-Chutney mit grünen Pfefferkörnern

ERGIBT ETWA 900 G

600 g frische grüne oder rote Stachelbeeren
2 Zwiebeln, gehackt
1 Knoblauchzehe, zerdrückt
½ TL Senfpulver
1 TL Zitronensaft
300 ml Apfelessig oder Weißweinessig
175 g Rosinen
75 – 275 g brauner Rohrzucker
Eine ordentliche Prise Salz
2 EL grüne Pfefferkörner

Servieren Sie dieses Chutney mit knusprigem Brot zu einer Käseplatte. Bei Verwendung der süßeren roten Beeren benötigen Sie die kleinere der im Rezept angegebenen Zuckermengen. Fest verschlossen können Sie ein gutes Chutney monatelang lagern, aber auch unverschlossen hält es sich bis zu einem Monat im Kühlschrank und gewinnt sogar noch an Geschmack.

Die Stachelbeeren mit Zwiebeln, Knoblauch, Senf und Zitronensaft in einen Einkochtopf geben und zwei Drittel des Essigs darüber gießen. Zum Kochen bringen, dann bei milder Hitze in 45 Minuten zu einem dicken Fruchtbrei kochen. Gelegentlich umrühren. Die Rosinen mit Salz, Zucker und dem restlichen Essig zugeben. Bei schwacher Hitze stetig rühren, bis sich der Zucker aufgelöst hat, dann bis zu einer Stunde unter häufigem Rühren leise köcheln lassen, bis eine marmeladenähnliche Konsistenz erreicht ist. Die Pfefferkörner dazugeben und den Topf von der Kochstelle nehmen. Das Chutney entweder abkühlen lassen und bis zu einem Monat im Kühlschrank aufbewahren oder sofort in heiße, sterilisierte Gläser füllen und fest verschlossen an einem kühlen, dunklen Ort lagern.

Birnen-Tomaten-Chutney

ERGIBT ETWA 900 G

2 Kochäpfel, geschält und gerieben
125 g Zwiebeln, fein gehackt
125 g Sultaninen
Saft und abgeriebene Schale von 4 unbehandelten Orangen
300 g Kristallzucker
1 TL gemahlener Zimt
1 TL frisch geriebene Muskatnuss
1 TL Cayennepfeffer
2 Prisen Safranfäden
1½ TL Salz
50 g frische Ingwerwurzel, gerieben
300 ml Weißweinessig
750 g Birnen, geschält, entkernt und grob gehackt
350 g Tomaten, enthäutet, entkernt und gewürfelt

Die Birnen werden nur kurz gekocht, damit sie ihre Form behalten. Das Ergebnis ist ein delikates weiches Chutney mit festen Stücken. Es harmoniert sehr gut mit einem reifen Farmhouse Cheddar.

Alle Zutaten bis auf die Birnen und Tomaten in einen Einkochtopf geben und etwa 30 Minuten leise köcheln. Gelegentlich umrühren, bis die Mischung sirupartig eingekocht ist und an einem Löffel haften bleibt. Die Birnen und Tomaten zugeben und 10 Minuten mitkochen, bis die Birnen so eben weich sind. Das Chutney in heiße, sterilisierte Gläser füllen, fest verschließen und kühl und dunkel aufbewahren.

KÄSEPLATTE (IM UHRZEIGERSINN VON OBEN): CAPRICORN, SAINTE-MAURE, KEEN'S CHEDDAR, GOLDEN CROSS, BOULETTES D'AVESNES, ROQUEFORT SOCIÉTÉ, REBLOCHON

Süßsaures Weintrauben-Pickle

ERGIBT ETWA 1 L

750 g helle, kernlose Weintrauben
10 Zweige frischer Estragon
500 ml Champagneressig oder Weißweinessig
175 ml Honig
1 TL Salz

Dieses delikat gewürzte Pickle ist eine ungewöhnliche, aber sehr interessante Beigabe zu Käse. Statt heller Trauben können Sie rote nehmen. Nur eines dürfen Sie nicht vergessen: Bester Essig ist Voraussetzung für ein gutes Pickle.

Die Weintrauben gründlich waschen, trockentupfen und mit den Estragonzweigen in ein großes, sterilisiertes Einmachglas geben. Den Essig mit dem Honig 2 Minuten kochen, das Salz zugeben und den Essigsud über die Weintrauben gießen. Das Glas sofort fest verschließen und bis zum Verzehr – kühl und dunkel gelagert – einen Monat durchziehen lassen.

Lanesborough-Brot mit Trockenfeigen und Fenchelsamen

ERGIBT 1 LAIB

15 g frische Hefe oder 1/2 Päckchen Trockenhefe
125 ml Wasser
250 g Vollkornweizenmehl
1/2 TL Salz
15 g (1 EL) Butter
150 g Trockenfeigen, in 5 mm breite Streifen geschnitten
1 1/2 TL Fenchelsamen

Dieses fein-würzige Brot esse nicht nur ich persönlich besonders gern, sondern auch meine Gäste im Lanesborough, wo es zur Käseplatte serviert wird.

Bei Verwendung von frischer Hefe: Die Hefe in einer kleinen Schüssel mit dem Wasser verrühren. Mehl und Salz in eine Schüssel sieben und die Butter mit den Fingerspitzen einarbeiten. In die Mitte eine Vertiefung drücken und die gelöste Hefe hineingießen. Mit dem Mehl verrühren, bis ein weicher Teig entstanden ist. Bei Verwendung von Trockenhefe: Nach dem Einarbeiten der Butter die Hefe unter das Mehl mischen und dann das Wasser zugießen.

Den Teig auf einer leicht bemehlten Arbeitsfläche 8 – 10 Minuten kräftig kneten, bis er weich und elastisch ist. Die Trockenfeigen und die Fenchelsamen zugeben und 1 Minute weiterkneten, bis alle Zutaten eingearbeitet sind. Den Teig in diesem Stadium nicht zu lange kneten, weil sonst die Feigen zerdrückt werden. Den Teig 5 Minuten ruhen lassen, anschließend zu einem ovalen Laib formen, auf ein eingefettetes Backblech legen und mit einem sauberen, angefeuchteten Geschirrtuch abdecken. Den Brotlaib etwa 50 Minuten an einem warmen Ort gehen lassen, bis er das Doppelte seines Volumens erreicht hat.

Den Backofen auf 220 °C vorheizen. Den Laib 30 Minuten backen, bis die Oberfläche schön gebräunt ist. Das Brot ist durchgebacken, wenn es beim Klopfen auf die Unterseite hohl klingt. Auf einem Kuchengitter abkühlen lassen.

BROTE (IM UHRZEIGERSINN VON OBEN RECHTS): STILTONBROT, BROT MIT MOZZARELLA UND GETROCKNETEN TOMATEN, LANESBOROUGH-BROT MIT TROCKENFEIGEN UND FENCHELSAMEN, CHEDDAR-ZWIEBEL-BROT (ALS KASTENBROT), CHEDDAR-ZWIEBEL-BROT (ALS RUNDER LAIB), STILTONBROT (MITTE)

Register

Kursiv gesetzte Seitenangaben beziehen sich auf Abbildungen.

DANKSAGUNG

Auch als Autor bin ich nur einer von vielen, die das Buch *Köstliches mit Käse* möglich gemacht haben.
Mein aufrichtiger Dank gilt den folgenden Personen:
Jane Middleton für ihre hervorragende Arbeit beim Redigieren des Manuskripts; dies ist unser zweites gemeinsames Buch, und ich danke ihr sehr; dem Fotografen Gus Filgate, der Hauswirtschaftslehrerin Louise Pickford und der Stylistin Penny Markham, die die Buchseiten kreativ gestaltet haben; Michael Day und Simon Yorke von der Huge Cheese Company für ihre unschätzbare Hilfe und die vielen Informationen über Käse; meinen Agentinnen Fiona Lindsay und Linda Shanks für ihre unermüdliche Unterstützung; James und Cathy Lane (Gospel Green) und Kevin und Alison Blunt (Golden Cross), die uns freundlicherweise ihren Bauernhof für einen Fototermin zur Verfügung gestellt haben, sowie Nic Barlow für die herrlichen Schwarzweißaufnahmen, die dort entstanden sind; meinem gesamten Küchenteam im Lanesborough für den täglichen Einsatz bei der Zubereitung von gutem Essen.
Und zu guter Letzt geht ein herzliches Dankeschön an Kyle Cathie und Candida Hall, die dieses Buch von Anfang bis Ende betreut haben.